Buchhandlung Ziegelstein (Hrsg.)

**Ziegelsteiner Auslese
Anthologie**

adakia Verlag UG (haftungsbeschränkt)

Bibliographische Information der Deutschen Bibliothek:
Die Deutsche Bibliothek verzeichnet diese Publikation in der
Deutschen Nationalbibliographie; detaillierte Daten sind im
Internet über http://www.dnb.de abrufbar.

Gesamtherstellung: adakia Verlag, Leipzig
1. Auflage, Januar 2018
ISBN 978-3-941935-43-3

Inhalt

Statt eines Vorworts

Der Buchhändler

Es ist Punkt 18:00 Uhr, als der Buchhändler die Tür der Buchhandlung schließt. Er zieht seine Strickjacke glatt und schaut durch die Glastür prüfend in den Himmel. Es sieht nach Regen aus.

Auf dem Weg zurück zur Kasse rückt er, in Gedanken versunken, einzelne Bände zurecht.

Zügig rechnet er die Kasse ab und räumt alles auf. Ein Kopfschütteln, ein Seufzer, dann greift er nach dem Kellerschlüssel und macht sich auf, die Treppen hinunter.

Der schwere, altmodische Schüssel klappert im Schloss der Türe, die sich ansonsten lautlos öffnet.

Er blickt hinter sich in den Gang, und tritt in den Keller, wobei er gleich wieder hinter sich absperrt.

Die Regale rechts und links ignorierend, geht er auf die geradeaus vor ihm befindliche Ziegelsteinmauer zu, vor der weder Regale noch etwas anderes steht.

Er hebt den rechten Arm und streicht auf Augenhöhe über die Ziegelsteine, bis die Hand auf einem zur Ruhe kommt, der sich nicht von den anderen zu unterscheiden scheint.

Doch als er mit seiner Hand sanft Druck darauf ausübt, vernimmt er ein leises Klicken und tritt einen Schritt zurück, während ein leises Knirschen und Schaben von Ziegelstein auf Ziegelstein ertönt.

Eine dunkle Öffnung hat sich vor Ihm gebildet, aus der ein Hauch trockener, warmer Luft entströmt.

Er schreitet hindurch und nimmt nun in der Dunkelheit auch einen leichten Duft nach Papier und Druckerschwärze wahr, bevor flackernd das Licht anspringt und lange Regalreihen sichtbar werden, die scheinbar endlose Fluchten bilden. Nach einem weiteren Schritt vorwärts vernimmt er links von sich ein leises Rascheln, und er wendet seine Schritte in die Richtung, aus der das Geräusch mit jedem Schritt deutlicher zu hören ist.

»Wäre das ein Krimi oder eine Gruselgeschichte, würde nun gleich etwas Schreckliches passieren oder gar eine Leiche vor mir auftauchen«. Der Buchhändler hält kurz inne und muss über seine eigenen Worte schmunzeln. Der gleiche Gedanke kam Ihm bereits vor langer Zeit, als er das erste Mal und mit bangem Gefühl den Raum mit den endlosen Regalen betreten hatte. Das hatte er beinah vergessen.

Nun steht er vor einem Regal, aus dem eindeutig das Rascheln stammt, und konzentriert sich kurz, um dann mit geschlossenen Augen ins Regal zu greifen. Als er die Augen wieder öffnet, hält er ein schmales Buch in der Hand.

Der Einband ist nicht mehr in Ordnung und an einigen Stellen abgeschabt. Vom Titel ist nur noch ein großes Z und etwas weiter noch die Buchstaben »les« erkennbar.

Während er sich umdreht, und einige Schritte zurückgeht, streicht der Buchhändler liebevoll über den Einband und erreicht dann eine kleine Nische. In dieser steht ein bequemer Sessel, flankiert von einem kleinen Beistelltisch und einer Stehlampe. Er setzt sich hinein.

Sein Vorgänger, von dem er die Buchhandlung übernommen hat, hatte lediglich eine harte Bank und ein Pult an dieser Stelle stehen, doch er hatte seine Zeit im Keller auch »die Nachtschicht« genannt.

Der Buchhändler sieht seine Zeit im Keller und die damit verbundene Rettung von Büchern, die sonst in Vergessenheit geraten würden, nicht als lästige Pflicht.

Wenn die vor Schwäche raschelnden Bücher nach erneuter Lektüre durch ihn wieder Kraft haben, und sich summend wieder ins Regal stellen lassen, fühlt er sich ebenfalls glücklich.

Heute Abend fühlt sich der Buchhändler zwar selbst schwach und müde, doch er nimmt sich vor, wenigstens einige Seiten zu lesen. Er möchte das Buch, das Kurzgeschichten enthält, wie er nach dem Aufschlagen feststellt, nicht im Stich lassen.

Als er bereits einige Geschichten gelesen hat, und umblättern will, verspürt der Buchhändler ein leichtes Kribbeln.

»Der Buchhändler« heißt die nächste Geschichte, und schneller atmend liest er gleich weiter:

»Es ist Punkt 18:00 Uhr als der Buchhändler die Tür der Buchhandlung schließt ...«

Ursula Schmid-Spreer
Eine gute Tat ist der anderen Wert

»Vorsicht!«

Sandra schrie und schubste ihre Freundin Anna zur Seite.

»Was soll das denn? Warum schubst du mich?«

»Ich würde sagen, da ist eben ein Ziegelstein herunter gefallen.«

Die beiden Mädchen sahen das Stück Stein interessiert an, das da am Boden vor ihnen lag.

»Wir sind ja auch in Ziegelstein«, witzelte Sandra.

»Das hätte ganz schön ins Auge gehen können. Du hast mir das Leben gerettet«, sagte Anna dramatisch und umarmte ihre Freundin. Dann bückte sie sich und nahm ein großes Stück des gesplitterten Ziegelsteines auf.

»Schau mal, hier ist das Loch, wo er rausgefallen ist.«

Sandra deutete auf die Mauer, in der eine Öffnung klaffte.

»Ganz schön gefährlich. Es sind noch einige lose Steine.«

»Ich lad‹ dich auf einen Kaffee ein, als kleines Dankeschön.«

»Nimm dir das Stückchen Ziegelstein mit, sozusagen, als einen Glücksbringer.«

Die beiden jungen Frauen nahmen Platz an einem Bistrotisch und unterhielten sich angeregt. Aus dem Augenwinkel sah Anna eine ältere Dame, die die Kellnerin zum Zahlen heranwinkte. Als sie ein zweites Mal hinsah, bemerkte sie etwas Schwarzes, das am Boden lag.

»Oh, sie hat ihren Geldbeutel neben die Tasche gesteckt. Ich bringe ihn ihr. Sie ist erst an der Tür.«

Anna sprang auf, griff nach dem Portmonee und eilte der älteren Dame nach. Sie kam gerade noch rechtzeitig, denn die alte Frau knickte um.

Anna griff nach dem Arm und verhinderte somit Schlimmeres.

»Und hier ist noch Ihr Geldbeutel. Wahrscheinlich ist er Ihnen aus der Tasche gefallen.«

»Kindchen«, sagte die Frau, »Sie sind ein Engel. Vielen, vielen Dank.«

»Ich habe etwas für Sie«, sagte Anna spontan. Sie holte ihren Glücksbringer, brach ein Stückchen davon ab. »Vielleicht wird er Ihr Glücksbringer?«

Die alte Dame lächelte, ging langsam Richtung Fritz-Munkert-Platz. Es wäre eine mittlere Katastrophe für sie gewesen, wenn sie den Geldbeutel verloren hätte. Alleine die Lauferei, um einen neuen Ausweis zu beantragen. Sie war so in Gedanken versunken, dass sie den Radfahrer gar nicht bemerkte, der in Schlangenlinien auf dem Gehweg fuhr. Eine Frau zog die alte Dame auf die Seite.

»Rowdy«, rief diese dem Radfahrer nach. »Also wirklich, so ein Flegel. Diese Radfahrer habe ich vielleicht was dick, wenn sie auf dem Gehweg fahren!«

»Ich hatte heute schon das zweite Mal Glück. Scheinbar ist das Stück Ziegelstein doch ein Talismann. Was kann ich Ihnen Gutes tun?«, sagte sie zu der Frau gewandt.

»Wenn Sie einen Euro für die Parkuhr hätten, wäre ich schon glücklich.«

»Den habe ich wirklich, sehen Sie. Das ist mein Einkaufswagenchip. Ich habe immer einen Euro in der Tasche. Der gehört jetzt Ihnen.«

»Dankeschön. Ich bin Julia und ich freue mich, dass wir uns auf diesem Wege getroffen haben.«

Die alte Dame nahm ihren Ziegelstein, brach ein kleines Stück davon ab und reichte ihn Julia. »Damit sie auch immer Schwein haben.«

Sie lächelte dabei herzlich. Julia steckte den Euro in die Parkuhr. Auch sie hatte ein Lächeln im Gesicht. Wann hatte sie ihrer Mutter das letzte Mal Blumen geschenkt? Sie überlegte nicht lange, eilte auf das Blumengeschäft zu und erstand einen bunten Sommerstrauß. Eine Stunde später stand sie vor dem Haus ihrer Mutter. Der Nachbar baute an einer Mauer, grüßte freundlich, als Julia an ihm vorbeiging. Sie bückte sich, hob einen kleinen Ziegelstein auf.

»Das ist aber eine Freude, mein Kind.«

Julias Mutter strahlte über das ganze Gesicht, als hinter dem Blumenstrauß das Gesicht ihrer Tochter hervorlugte.

»Komm rein, ich habe gerade Teewasser aufgesetzt.«

Es war ein schöner Nachmittag, den die beiden da miteinander verbrachten. Als sich Julia von ihrer Mutter verabschiedete, legte sie ihr den kleinen Ziegelstein in die Hand. »Das ist jetzt dein Glücksbringer.«

Julias Mutter schlief gut in dieser Nacht. So vertraut war sie schon lange nicht mehr mit ihrer Tochter gewesen. Beschwingt erledigte sie ihre morgendlichen Einkäufe. Dem Bettler auf der Straße schenkte sie ein Lächeln. Kurz entschlossen ging sie zum Bäcker, kaufte ein Käsebrötchen, einen Becher Kaffee und ließ sich Zucker und Milch extra geben. Sie trug noch immer das Lächeln, als sie es dem Mann gab.

»Ich habe noch etwas für Sie. Es mag vielleicht nur ein Stein sein, aber glauben Sie mir, er zaubert Ihnen ein Lächeln ins Gesicht.«

Und tatsächlich der Mann lächelte, griff danach und deutete im Sitzen eine Verbeugung an. Gierig biss er in das Brötchen. Am Kaffeebecher wurden seine Finger warm. Er beobachtete gerne Menschen. Das junge Ding da drüben hatte sichtlich Kummer. Sie tippte wie wild in ihr Handy, verzog das Gesicht, so dass man die Zornesfalte deutlich sehen konnte. Mit einem Ruck stand sie auf und verließ eilig die Parkbank.

»Warten Sie«, rief der Sandler, aber das Mädchen beachtete ihn gar nicht. Schnell lief er weiter, holte sie ein und sagte schüchtern:»Bitte, Sie haben Ihre Jacke vergessen.« Das Mädchen blieb abrupt stehen.

»Danke«, stotterte sie. Ihr Blick blieb an der heruntergerissenen Gestalt hängen. Er griff in seine Tasche. Wollte er etwa …?

»Hier für Sie«, sagte er.»Ich habe heute diesen Ziegelstein geschenkt bekommen und ich musste lächeln. Sie schauen so ernst. Vielleicht zaubert er Ihnen auch ein Lächeln ins Gesicht?«

»Sie haben Recht, die Menschen schmunzeln viel zu wenig. Vielen Dank.«

Sie lächelte immer noch, als ein kleiner Junge direkt mit dem Roller in sie hineinfuhr und unsanft hinfiel.

»Aua«, sagte sie und rieb sich das Schienbein.»Das hat weh getan.«

Augenblicklich begann der Junge zu weinen. Sie bückte sich, half dem Kind auf.»Zeig mal, hast du dir auch weh getan? Ist nicht schlimm, siehst du. Die Haut ist ein bisschen aufgeschürft. Darf ich pusten?«

Der Junge nickte und der Teenager blies auf die Wunde. Ein Mann kam hektisch auf die beiden zugerannt.

»Ich hab dir doch gesagt, dass …«

»Psst«, sagte die Frau.»Er hat sich wehgetan.«

Der Mann sah überrascht aus. Sagte nichts mehr.

»Ich wünsche Ihnen einen schönen Tag und ich möchte Ihnen etwas schenken. Ich habe heute auch mal böse geschaut, genau wie Sie jetzt.«

Sie zog ihr Ziegelsteinchen aus der Tasche, knickte ein Teil davon ab.»Er soll ihnen Glück bringen. Alles Gute!«

Der Mann sah überrascht aus. Nahm seinen Sohn bei der Hand; sie gingen Richtung Bierweg davon.

Am Bierweg stand ein Auto, dessen Heckklappe weit geöffnet war. Ein Mann stand auf dem Gehweg und mühte sich mit einem großen Paket ab. Der Mann im Nadelstreif überlegte nicht lange und kam ihm zuhilfe, indem er mit anpackte.

»Vielen Dank, ohne Sie hätte ich das nicht geschafft.«

»Das habe ich gerne getan. Nicht der Rede wert.«

»Papa«, rief der Junge, »schau mal, ich habe jetzt auch einen Ziegelstein.« Der Junge hielt einen großen Brocken mit einigen Löchern hoch. Er war wohl zu schwer für das Kind, so ließ er ihn fallen. Er zersprang in viele kleine Teile.

»Das macht nichts, mein Junge, so können wir dem Herrn hier auch einen Glücks-Ziegelstein schenken.«

Er überreichte dem Mann einen Stein. »Vielleicht bringt er Ihnen Glück. Einen schönen Tag wünsche ich Ihnen.«

Am Abend dachten viele Menschen über den vergangenen Tag nach. Ein Lächeln lag auf deren Gesichtern. Schmunzelnd legten sie ihren kleinen Ziegelstein auf das Fensterbrett. Manche schickten sogar ein kleines Gebet Richtung Himmel.

Sie kannten sich nicht, doch alle verband etwas – sie wussten es nur nicht.

Mark Jischinski
Bibliomanie

Alle Augen sind auf mich gerichtet. Meine Hände sind
schweißnass und ich reibe sie an den Oberschenkeln
trocken, während ich aufstehe. Volker, der Moderator,
schaut besonders erwartungsvoll zu mir. Er ist mir
unsympathisch. Ich würde ihm gern in seine ewig
lächelnde, langweilig ausgeglichene Visage schlagen. Aber
scheiß auf Volker, scheiß auf sie alle, nun bin ich dran.
»Hallo, ich bin Alex«, sage ich unsicher.
»Hallo Alex«, sagen sie alle und ich kann Volkers Stimme
raushören. Ich stehe inzwischen und ich weiß, was von mir
erwartet wird. Es kommt nur schwer über meine Lippen,
doch ich überspiele meine Unsicherheit und die Säure, die
mir die Speiseröhre heraufkriecht, mit meinen Worten. »Ich
bin Alex und ich bin biblioman.«
Anerkennendes, mitfühlendes, aufmunterndes Nicken.
Von allen. Besonders von Volker. Der sagt schließlich:
»Danke, Alex. Schön, dass du bei uns bist. Erzähle uns
mehr von dir. Wie ist es dazu gekommen, was hat dich zu
uns gebracht und wie fühlst du dich jetzt?«
Er grinst sein Moderatoren-Ich-weiß-wie-es-euch- geht-
Lächeln in die Runde. Bin ich der Einzige mit Aggressions-
phantasien? Will nur ich ihm die Lippen blutig schlagen?
Den ewig leidend-mitfühlenden Blick ganz tief in die Augen hämmern? Biblioman, was heißt das schon? Eine
weitere Einordnung, nichts weiter. Ich bin ein Mann, eins-
siebzig groß, mediterraner Typ, ein paar Macken, aber
ansonsten ganz in Ordnung. Gut, die Sache mit den
Büchern … Na und? Andere Leute sammeln jeden Mist
und keiner sagt was. Überraschungseierfiguren, Briefmar-
ken, Zehennägel. Ich habe maximal dreitausend Bücher,

genau weiß ich es nicht, weil ich nicht zum Zählen komme. Und nun stehe ich vor Volker und den anderen Idioten und muss mich rechtfertigen, weil meine Mutter mich in »die Gruppe« geschickt hat.

»Das wird dir gut tun«, sagte sie. Und: »Da bist du unter Gleichgesinnten!«

Die Gleichgesinnten und ihre Bücher sind mir alle egal. Ich will einfach nur nach Hause. Mich ausruhen. Oder lesen. Oder in die Buchhandlung gehen; einfach so.

»Alex?« Volker nervt wieder. Ich spüre die Blicke der anderen wie Stiche auf meinem Gesicht, auf meinen Armen, auf meinen Beinen … sie tun mir weh. Sie sollen mich in Ruhe lassen! Meine Atmung beschleunigt sich, meine Hände beginnen zu zittern und es kriecht nun endgültig hoch in meine Lungen, sammelt sich in meinem Mund und da, endlich! Ich schreie …

… und wache auf.

Wenn mir meine Mutter bloß nicht diesen Blödsinn mit der Selbsthilfegruppe erzählt hätte! Nun träume ich jeden zweiten Tag davon. Es drückt noch immer in meiner Brust. Genau dort, wo der Schrei begann. Und wenn ich an Volker denke, wird mir schlecht. Ich bin schweißgebadet. Langsam schlage ich die Bettdecke zurück. Die Luft kühlt meine Haut und ich atme durch. Während ich mit meinen Füßen die Hausschuhe suche, stolpere ich über zwei Bücher von Sartre. Hatte ich gestern Abend noch drin gelesen? Mir fällt es nicht mehr ein. Wie ich mich nach ihnen bücke, fällt mein Blick auf ein Buch unter dem Bett. Oh! Huxley! Wann ist mir denn die schöne neue Welt unters Bett gerutscht? Keine Ahnung. Ich lasse die Bücher liegen und gehe aufs Klo. Jeder Schritt fällt mir schwer und meine Oberschenkel fühlen sich an, als hätte ich Muskelkater. Dabei habe ich gar keinen Sport gemacht.

Schon lange nicht mehr. Alles nur von diesem blöden Aufstehen in der Gruppe. Ich setze mich auf die Kloschüssel und lese in Amélie Nothomb weiter. Schöne Klolektüre, »Den Vater töten«. Noch maximal zehn Sitzungen, dann bin ich durch.

Beim Frühstück räume ich einen Stapel Bücher beiseite, den ich vor ein paar Tagen in die Küche gelegt habe, keinen Plan, warum. Irgendwie wollte ich mal wieder was von Boyle lesen und habe alle Romane von ihm vorgekramt. Dabei bin ich zufällig auf Murakami gestoßen und war überrascht, dass ich diesen Tazaki schon gekauft hatte. War mir gar nicht mehr bewusst. Ich würge ein ziemlich geschmackloses Müsli runter, während ich in Murakamis Buch blättere. Dabei fällt mein Blick auf das Küchenfenster. Letzte Woche hatte mir meine Mutter damit gedroht, den Bücherstapel zu entsorgen, wenn er weiterhin den Blick nach draußen versperrt. Ich sagte ihr, dass dieser Blick allemal schöner ist, als der auf Frau Faust von gegenüber, wenn sie ihren schwammigen Körper über das Fensterbrett hängt, die Arme auf den Brüsten parkt und in einer Stunde eine Schachtel Zigaretten raucht. Wenn sie dann noch ihre grauen, strähnigen Haare mit ihrer gelben Raucherhand durchfurcht, können selbst die schlechtesten Bücher die Sicht angenehm versperren. So sehe ich lediglich auf die bröckelige Ziegelsteinmauer, die ihr Fenster umgibt wie ein alter Bilderrahmen ein furchtbar missratenes Gemälde.

Eigentlich müsste ich duschen. Aber ich habe keine Lust dazu. Weiß nicht, wann ich das letzte Mal unter der Dusche stand. Stört ja auch niemanden. Ich schiebe das Müsli beiseite, gehe ins Schlafzimmer und ziehe mich um. Es ist inzwischen kurz vor zehn und ich muss raus.

Es ist zu hell und zu laut auf der Straße. Zu viele Menschen außerdem. Ich frage mich, ob die alle nichts zu tun haben. Nach einer knappen halben Stunde erreiche ich die Buchhandlung. Meine Buchhandlung. Nicht, weil sie so schön und wunderbar ist. Voller Magie, welliger Folianten und mit einem Geruch nach Papier und Staub. Nein, einfach nur, weil sie gleich um die Ecke ist. In meinem Viertel, in dem sich die Fassaden der Häuser damit überbieten, welche Ziegelsteine am längsten halten und welche eben nicht.

Es ist fast Monatsende und das Geld wird knapp. Deshalb brauche ich gar nicht in die Ecke mit den Hardcoverausgaben zu gehen. Heute sind maximal die preisreduzierten Remittenden drin. Aber vielleicht haben sie die endlich mal aufgefüllt. Ich bekomme schwitzige Hände. »Die tausend Herbste des Jacob de Zoet« von David Mitchel als Hardcover, runtergesetzt auf 8,90 Euro! Sofort nehme ich es an mich, streiche über den wunderbaren Schutzumschlag, leichte Prägung, angenehme Verwerfungen im Material. Irgendwo muss ich »Wolkenatlas« rumliegen haben, aber ich kam noch nicht zum Lesen.

Und da! »Der Idiot« von Dostojewski! Runtergesetzt, wundervoll. Sie haben meine Gebete erhört und Neuware bekommen. Oh! »Arbeitsheft Zeitmanagement« für nur 4,99 Euro. Das wird mir guttun! Gleich darauf fällt mein Blick auf »Französisch in 30 Tagen mit 2 Audio-CDs«. Auch gut. Ich sollte mal wieder meine Sprachkenntnisse auffrischen. Nun wird es langsam Zeit für einen Einkaufskorb. Ich balanciere den Stapel Bücher zurück zum Eingang und greife zu einem Korb, in den ich sie ganz vorsichtig hineinlege. Ich streiche noch einmal über das Cover vom Mitchel, dann gehe ich zurück. Die Auswahl ist gut und es fällt mir schwer, mich zu entscheiden. Sogar ein paar philosophische Sachen sind dabei. Russel, Hobbes und Schopenhauer. Ich nehme sie mit. Darf nicht stehenbleiben mit meinem Wissen. Auch bei den belletristischen Sachen sind endlich neue dabei. Ich bin mir nicht sicher, ob ich »Irrlicht« von O'Connor schon habe, nehme es aber trotzdem mit. Fünf neunundneunzig sind okay. Hardcover. Ich werfe noch zwei Bücher in den Korb, die mir nichts sagen. Die Cover sind schön. Nun wird mir alles zu schwer und ich denke, dass es besser ist, noch einmal zu kommen. Morgen vielleicht. Deshalb schleppe ich alles zur Kasse.

Ich packe die Bücher auf den Tresen. Die Verkäuferin schaut auf den Berg und sagt:»Oh, da haben Sie sich aber was vorgenommen, oder?«

»Hm, war nicht so geplant«, brumme ich in meinen Bart.

»Geht mir auch so«, flötet sie etwas zu freundlich, während sie die Bücher über den Scanner zieht.»Bücher kann man nie genug haben!«

Was sie nicht sagt. Während ich sie anschaue, sehe ich Volker vor mir. In einem Sarg.

»Das ist Ansichtssache«, bescheide ich ihr betont sachlich.»Ich denke auch so und glaube, dass es letztlich nur eine Frage von zu wenig Regalen ist«, schiebe ich etwas freundlicher nach.

Sie lächelt ein wunderbares Lächeln. Sie ist wunderschön, fährt auf Bücher ab und arbeitet in einem Buchladen. Ich glaube, dass ich sie liebe.»Ah, das Problem kenne ich! Und ich finde, dass man Bücher auch in drei Reihen ins Regal stellen kann!«

Oder in das Küchenfenster, um alte, hässliche Nachbarinnen nicht zu sehen, denke ich, sage aber:»Finde ich auch!«

Sie beugt sich über den Tresen und flüstert in mein Ohr: »Wie erklären Sie zu Hause DAS hier?« Dabei lässt sie eine Hand über den Bücherstapel gleiten.

Ich muss es niemandem erklären! Volker nicht und meiner Mutter auch nicht. Außerdem sind es nur zehn Bücher, nicht der Rede wert.

»Hm, da habe ich noch keine Ahnung«, sage ich ihr und würde es IHR gern erklären, wenn ich nach Hause komme. Dabei müsste ich es IHR gar nicht erklären. Habe sie ja bei IHR gekauft.

»Ich schmuggle die Tüte immer erst einmal heimlich in die Wohnung und stelle die Bücher ins Regal, wenn mein Freund nicht da ist. Wenn ich dann irgendwann eins davon aus dem Regal nehme und lese, fällt es nicht mehr so auf!«

Ich schaue anerkennend zu ihr, versinke in ihren Augen, in denen ich sie verführerisch vor einem Bücherregal sehe. Es quillt über, weil die vierte Reihe nicht mehr hält und das Einzige, was dieses anbetungswürdige Geschöpf anhat, ist eine Leselampe. Ich schlucke schwer. Weil Holzregale nicht mehr halten, mauern wir neue aus den Ziegelsteinen, die sich in diesem elenden Viertel aus den Wänden der Häuser lösen und uns bei unseren Spaziergängen fast auf die Köpfe fallen. Beim gemeinsamen Flanieren, wenn wir über die Bücher sprechen, die wir gelesen haben und über die, die wir noch lesen werden und vor allem über die noch viel mehr, die wir zwar haben, aber niemals lesen werden.

Sie schaut mich an. »Hallo? Sind Sie noch da? Oder träumen Sie gerade?«

»Clever«, sage ich langsam und spüre, wie trocken mein Mund auf einmal ist. »Und … Ihr Freund bekommt gar nichts mit? Auch nicht, wenn bei dauerhafter Anwendung dieser Technik irgendwann doch ein neues Regal fällig ist?«

Sie hat ein wunderbares Lächeln. Ich würde ihr gern etwas vorlesen. Sofort. Oder später, wenn sie mit mir nach Hause geht.

»Ein Regal ist etwas anderes. Darüber freut er sich. Das ist ein Möbelstück. Aber ein paar gelesene Bücher, die nicht so dolle sind, schaffe ich einfach in den Keller oder ich verborge sie. Geborgte Bücher bekommt man eh nicht zurück!«

Sie packt die Bücher in Tüten und ihre Aura verliert an Glanz, bis sie ganz verschwindet. Sie war so wunderschön! Aber sie verleiht Bücher!! Ich verstehe diese Welt einfach nicht. Sie kann nicht vollkommen sein. »Die Hölle, das sind die anderen!« Von wegen! Die Hölle steht genau vor mir und das in Gestalt einer himmlischen Fee. Dieses Mädchen sieht so schön aus, hat ganz feingliedrige Hände, auf denen sanft blaue Adern schimmern. Sie ist blass und hat Augen, die aussehen, als würde sie immerzu weinen. Die Haare sind braun gefärbt und am Ansatz kann ich dieses unbestimmbare Gemisch aus Unfarbe sehen. Alles ist perfekt. Aber sie muss ja Bücher verleihen! Sie zieht meine EC-Karte durch das Lesegerät. Dann gibt sie mir die Quittung zum Unterschreiben.

Während sie die zwei Tüten über den Tresen wuchtet, sagt sie:

»Sie machen das schon ganz gut! Ist auch eine alte Masche von mir. Immer mal ein paar angestoßene Remittenden kaufen. Dann kann man immer sagen: ›Aber Schatz! Schau doch mal, das ist von ganz hinten im Regal, das habe ich schon seit Jahren!‹ Das klappt eigentlich immer.«

Ich nehme die Tüten, umfasse sie mit beiden Armen, damit die Henkel nicht abreißen oder der Boden durchreißt. Ich schaue sie noch einmal an. Sie ist fast eine

Traumfrau. Aber eben nur fast. Ich sehe sie in Gedanken. Wie sie es hinbekommt, ein Buch aus der Hand zu geben. Einfach so! Sie borgt es einer fremden Person und sieht es vielleicht nie wieder.

»Ja«, fragt sie. »Ist noch was?«

Sie spekuliert jetzt wahrscheinlich auf einen Zettel mit meiner Telefonnummer. Darauf, dass sie bald einen besseren Partner zu Hause hat. Einen wie mich, mit dem sie ihre Bücher teilen oder besprechen kann, wem sie ein Buch verborgt, das sie nicht mehr mag. Aber solche Frauen werfen auch Kinder in die Babyklappe.

Ich schaue ihr noch einmal kurz in die Augen und da sehe ich es. Ganz deutlich. Wie sie, ohne mit der Wimper zu zucken, Bücher weggibt. Kleine Kunstwerke, Kostbarkeiten, in Leinen gebunden, mit Prägedruck und wertvollem Vorsatzpapier. Sie ist herzlos. Kein echter Bücherfreund.

»Nein«, sage ich bestimmt, drehe mich um und gehe.

Auf dem Bürgersteig sehe ich einen Ziegelstein liegen. Ich schaue noch oben und versuche zu entdecken, wo er sich aus der Wand gelöst hat. Es ist nicht zu entdecken, aber er muss tief gefallen sein. Rote Splitter liegen auf den grauen Gehwegplatten. Ich trete mit Wut und voller Wucht vor den Stein und er fliegt auf die Straße. Er wird sowieso kein Regal mehr werden. Genauso wenig, wie diese Teufelin Ahnung von Büchern hat.

Manchmal war das Knacken ganz dicht hinter ihr, als würde jemand über die Dielen laufen. Oder sie nahm hinter sich einen Schatten wahr, als schliche sich jemand durch die Tür ins Zimmer. Aber wenn sie sich umdrehte, von ihrem Laptop wegsah, dann war da niemand. Es hätte auch niemand da sein können, sie lebte allein, und wenn jemand da gewesen wäre, dann hätte es zwangsläufig ein Verbrecher sein müssen. Wer schlich sich schon nachts in Wohnungen? Tagsüber standen hier die Türen offen, ein kleines Dorf, man schloss nicht nur nicht ab, man ließ die Tür sogar offen stehen, aber nachts?

Sie bildete es sich also ein. Alte Häuser knackten eben. Sie zwang sich, sich nicht ständig umzudrehen. Aber es war immer häufiger da. Das Knacken der Dielenbretter, das Huschen. Bald wendete sie sich alle paar Minuten um, schnell und ruckartig, als wollte sie jemanden überraschen. Sie war immer zu langsam. Hinter ihr war Leere. Sie kam kaum noch zum Schreiben. Ich drehe noch durch, dachte sie. Das Haus im Grünen hatte sie sich mit Selfpublishing erschrieben. Nachdem sie endlich aufgehört hatte, sich mit Verlagen, miesen Verträgen, schlechten Honoraren, beleidigenden Vorschüssen und übereifrigen Lektoren, die die rote Tinte nicht halten konnten, herum zu schlagen, war alles plötzlich ganz einfach gewesen, und ihr Traum vom Häuschen auf dem Land war schnell wahr geworden.

Natürlich war sie die Zugezogene in dem kleinen Dorf, und würde es immer bleiben, man blieb auf Distanz zu ihr, aber es war eine freundliche Distanz, und es gefiel ihr hier. Nur ein einziges Mal hatte ihre Nachbarin die Grenze des freundlichen Smalltalks am Gartenzaun überschritten, ihr erzählt, dass der Vorvorbesitzer des Hauses sich erhängt hatte. Genau dort; sie hatte durch das Fenster in Luisas Schreibzimmer gedeutet, an dem Balken. Der Besitzer, der danach das Haus gekauft hatte, hatte es nicht lange darin ausgehalten, es hieß, er habe so schnell wieder verkauft, weil es in dem Haus spuke. Er habe nachts kein Auge zugetan.

Den letzten Besitzer kannte Luisa, er hatte das Haus an sie verkauft. Hätte sie es auch genommen, wenn sie vorher von dem Selbstmord gewusst hätte? Luisa musste nicht lange überlegen. Ja, sie hätte das Haus auch dann gekauft. Es war ihr Traumhaus. Klein und gemütlich lag es inmitten eines verwilderten Gartens, ganz aus roten Ziegelsteinen gebaut, mit weißen Fenstern. So ein Haus hatte sie schon immer haben wollen. In ihrer Phantasie hatte es schon lange existiert, bevor sie es hier auf ihrer Durchfahrt durch das Dorf gesehen hatte, ein großes Verkaufsschild im Garten. Der Balken war genau hinter ihrem Rücken. Wenn sie am Laptop saß und schrieb, war die Stelle, an der der Vorvorbesitzer sich erhängt hatte, keine zwei Meter von ihr entfernt. Sie hatte überlegt, den Balken abzusägen, aber das war natürlich eine lächerliche Idee gewesen. Es war ein tragender Balken, man konnte ihn nicht einfach entfernen.

Sie hatte eine kitschige Blumengirlande im Hawaiistil mehrmals um den Balken gewunden. Es sah furchtbar aus, total unpassend, aber die schrecklich grellen Stoffblumen nahmen dem Balken seine Bedrohlichkeit. Als sie in den Garten mit dem Verkaufsschild getreten war, hatte der Vorbesitzer auf der Terrasse gestanden, als hätte er auf sie gewartet. Einen getriebenen Eindruck hatte er gemacht, als könnte er das Haus gar nicht schnell genug loswerden, das hatte sie gleich gespürt.

Er hatte sie durch die Räume geführt. Das Zimmer zum Garten mit dem Balken hatte er schnell wieder verlassen, dabei war es das Schönste im ganzen Haus, so hell und freundlich. Die Wände waren unverputzt, aus hellen roten Ziegelsteinen. Hier müssen Sie nicht mal im Winter heizen, hatte er gesagt. Volle Südseite. Wenn die Sonne hereinscheint, wärmen die roten Ziegelsteine sich so auf, dass der Raum auch im Winter T-Shirt-Temperatur hat.

Er hatte Recht behalten. Sie war im März eingezogen, und sie hatte ihr erstes Buch im T-Shirt geschrieben. Zum ersten Mal hatte sie beim Schreiben keine kalten Füße bekommen. Das Haus war ein Glücksgriff gewesen, sie hatte es gleich gewusst, als sie mit ihrem Wagen vor dem Verkaufsschild eine Vollbremsung hingelegt hatte. Hier würde sie endlich ihre Bücher wieder auspacken können.

Womit sie ihr Geld verdiene, hatte der Vorbesitzer gefragt, als wolle er sichergehen, dass er von ihr auch den Kaufpreis bekommen würde. Ich schreibe, hatte sie geantwortet, Erotik. Unter Pseudonym, hatte sie hinzugefügt. Sie wusste selbst nicht, warum sie das gesagt hatte. Es war gelogen. Sie schrieb unter Pseudonym, das ja, aber nicht Erotik, sondern Horror. Vielleicht hatte sie sich interessant machen wollen, sie war sich nicht sicher. Es hatte einfach besser geklungen, Erotik zu sagen anstatt Horror. Nachher hatte sie über sich den Kopf geschüttelt. Hätte sie nicht Krimis oder Thriller sagen können? Es war ihr einfach so heraus gerutscht. Aber der Mann hatte eh den Eindruck gemacht, als höre er nicht richtig zu. Dauernd hatte er zu dem Balken gestarrt, den man auch vom Flur aus sehen konnte. Hatte er abends und nachts das Knacken gehört, das sie nun hörte? Hatte er das Huschen hinter sich wahrgenommen? Blass hatte er ausgesehen, unausgeschlafen, als sie dort mit ihm im Flur gestanden und gesagt hatte, zweihundertzwanzig Tausend sind mir zu teuer. Er war gleich auf hundertneunzig runtergegangen, ohne dass sie noch etwas von Wertgutachten und »es ist schon ein ziemlich altes Haus« sagen musste.

Sie stand von ihrem Laptop auf und vertrat sich die Beine. Es tat gut, alleine zu sein, nach all den Jahren. Fünf Jahre lang hatte sie mit einem Mann zusammen gelebt, zu lang. Ihre bislang längste Beziehung, und sie war eigentlich schon nach zwei Jahren beendet gewesen.

Dabei war alles so gut angelaufen. Er war ein Büchernarr wie sie, aber er schrieb zum Glück nicht selbst. Ein Schriftsteller konnte es schlecht mit einem anderen aushalten, ein Maler wäre gegangen, oder eine andere Art von Künstler, aber Schriftsteller ging gar nicht. Schriftsteller waren nicht die umgänglichsten Zeitgenossen. Sie waren meistens mit ihren Gedanken ganz woanders, schmeckten Sätze ab, sannen ihnen nach, und reagierten ungehalten, wenn man sie in die Wirklichkeit zurückholte.

Er war einfach nur Ingenieur, was Praktisches.

Sie hatten sich bezeichnenderweise in einem Antiquariat kennen gelernt, als sie beide nach demselben Buch gegriffen hatten. Er hatte es ihr galanterweise überlassen. Bei einer Tasse Kaffee in der gegenüberliegenden Konditorei waren sie sich näher gekommen. Hatten über Bücher, Autoren, und Ebooks gesprochen. Bei Letzterem waren sie sich einig gewesen, dass die nicht für sie in Frage kamen. Ein Buch ist ein sinnliches Erlebnis. Wie liegt es in der Hand, wie riecht es, wie hört es sich an, wenn man es aufschlägt, knackt es, oder lässt es sich leicht öffnen? Dass sie nun selbst Ebooks veröffentlichte, war wohl eine Ironie des Schicksals. Kaufen würde sie so etwas nie. Als sie das erste Mal in seiner Wohnung vor seiner beeindruckenden Bücherwand gestanden hatte, war ihr ein wenig mulmig geworden. Er ist genau wie ich, hatte sie gedacht. Schrecklich. Er hatte ein Ordnungssystem für seine Bücher, das sah sie sofort, aber sie erkannte nicht gleich, welches es war.

Ihre Bücher waren nach deutschen und nach ausländischen Schriftstellern geordnet. Innerhalb dieser Kategorien nach Alphabet. Die deutschen Schriftsteller hatte sie außerdem nach lebenden und toten deutschen Autoren aufgeteilt. Jede Gruppe hatte ein eigenes Regal. Manchmal musste sie ein paar Bücher vom Regal der Lebenden in das der Toten umtragen. Gerade letztens wieder zwei Bücher eines noch recht jungen vielversprechenden Autoren. Tragischer Unfall.

Er war neben sie getreten, als sie mit schräg gelegtem Kopf die Buchrücken studiert hatte. Sind sie thematisch geordnet, hatte sie unbestimmt gemurmelt. Sie sind nach Regionen geordnet. Zuerst nach Ländern, und innerhalb der Länder nach Regionen. Ist das denn immer so eindeutig zuordenbar?, hatte sie gefragt, es sind ja nicht alles Regionalkrimis.

Wenn aus dem Buch nicht eindeutig hervorgeht, wo es spielt, habe ich den Wohnort des Autors gewählt. Innerhalb der Regionen sind die Bücher nach Erscheinungsdatum geordnet. Aber ich überlege, ob ich sie nach der Zeit, in der sie spielen, ordne.

Zwei Psychopathen und ihre Regale, war es ihr durch den Kopf gegangen.

Diese furchtbare Akkuratesse, mit der die Bücher im Regal standen, jedes genau gleich weit vorgezogen. Das ließ jemanden vermuten, der mit penibler Ordnung sein durcheinandergeratenes Innenleben vertuschen wollte. Es ist klasse, hatte sie gesagt, ihr Unbehagen verdrängend. Sie war schließlich genauso, eine verwandte Seele.

Sie waren sehr schnell zusammen gezogen, hatten sofort eine passende gemeinsame Wohnung gefunden. Aber dann hatte sich die Frage aller Fragen gestellt: Legen wir unsere Büchersammlungen zusammen, oder behalten wir getrennte Sammlungen?

Es war nicht wichtig gewesen, ob sie getrennte oder ein gemeinsames Schlafzimmer hatten, ob der Fernseher in der Küche oder im Wohnzimmer stehen sollte, ob sie Gardinen vor den Fenstern brauchten oder nicht. Es war nur wichtig: Was passiert mit den Büchersammlungen?

Er war für eine gemeinsame riesige Regalwand gewesen, war sogar bereit gewesen, sich ihrem Ordnungssystem anzupassen. Aber ein deutlich wahrnehmbares Gefühl von schwindender Eigenständigkeit hatte sie dazu gebracht, das abzulehnen. Sie wollte ihr eigenes Regal behalten. Er hatte säuerlich geguckt. Sie konnte sich noch genau an seinen Blick erinnern. Als hätte sie nicht seine Bücher, sondern ihn abgelehnt. Als wolle sie sich nicht so tief auf ihn einlassen, dass sie seine Bücher in ihrem Regal erlauben würde. Es war das erste Mal gewesen, dass sie diesen Hang zur Eifersucht, dieses Besitzergreifende an ihm wahrgenommen hatte. Er hatte, als sie ihr Regal in ihrem Zimmer eingerichtet hatte, den ganzen Tag nicht mit ihr geredet. Hatte zwar sein Regal genauso sortiert wie in seiner Junggesellenwohnung, aber an dem Knallen, das die Bücher in seinem Regal verursachten, hatte sie seine Wut spüren können.

Beim Abendbrot hatten sie kein Wort miteinander gesprochen. Bist du gut vorangekommen?, hatte sie ihn gefragt, aber er war einfach aufgestanden und hatte sich etwas aus dem Kühlschrank geholt. Sein Rücken hatte etwas Vibrierendes gehabt, etwas von gestauter und unterdrückter Wut. Dieses Vibrieren war von da an immer in ihm gewesen. Oder vielleicht war es auch schon vorher da gewesen und es war ihr erst jetzt aufgefallen. Von da an ließ er sie jedes kleine Vergehen, das sie in seinen Augen begangen hatte, spüren. Durch tagelanges Schweigen, durch eine besonders aggressive Art, wie er Haushaltsgegenstände behandelte. Irgendwann schlägt er mich, hatte sie oft gedacht. Er hatte es nie getan, aber die Bedrohung war immer da gewesen. Manchmal, wenn sie in einem seiner Schweigeanfälle neben ihn an die Spüle oder den Herd getreten war, hatte sie es spüren können, diese Gewalttätigkeit, die er mit seinem Schweigen und seinem abgewendeten Rücken unterdrückte. Nach zwei Jahren war ihre Beziehung am Ende, seine Bestrafungen waren häufiger geworden, das Schweigen fast der Dauerzustand, irgendwann waren kleine spitze Bemerkungen dazu gekommen, in den Phasen, in denen sie normal zusammen redeten. Kleine Bosheiten, abfällige Bemerkungen über ihr Aussehen, die er in scheinbare Komplimente kleidete. Heute sieht dein Haar aber mal schön aus, gar nicht so grau und struppig. Oder: Wie ich sehe, schaffst du es beim Essen neuerdings, dich zu beherrschen. Ich dachte schon neulich im Bad, dass dein Bauch nicht mehr ganz so dick ist.

Warum sie es trotzdem noch drei Jahre mit ihm ausgehalten hatte, würde ihr ewig ein Rätsel bleiben. Es musste an den Büchern gelegen haben. Ich habe hundertachtzig Bücherkisten in diese Wohnung getragen, hatte sie gedacht, die will ich nicht schon wieder hinaus tragen. Als sie dann irgendwann gesagt hatte, dass es aus sei, dass sie ausziehen würde, dass er die Wohnung behalten könne, war er das erste Mal ausgeflippt. Er hatte sie angeschrien, sie als Schlampe bezeichnet, ihr versichert, dass sie ohne ihn ein

Nichts sei, auf Knien zu ihm zurück gekrochen kommen würde.

Unglaublich, hatte sie bei dem Ausbruch gedacht. Ich war fünf Jahre lang mit einem Mann zusammen, der das Wort Schlampe in den Mund nimmt. Ob sie einen anderen hätte, hatte er wissen wollen. Und er hatte ihr gedroht, dass er sich so einfach nicht abschieben lassen würde. In ihrer neuen Wohnung, die sie überstürzt gemietet hatte, und die viel zu klein gewesen war – ihre Bücher hatte sie in einem Lager unterstellen müssen – war er mehrmals aufgetaucht, hatte an ihrer Haustür Sturm geklingelt, sie zur Rede gestellt, wissen wollen, wer ihr Neuer war. Spätabends hatte er angerufen, immer mit unterdrückter Nummer, und sie beschimpft.

Sie hatte jedes Mal nach den ersten Sätzen wieder aufgelegt, sich nicht die Mühe gemacht, ihm zu sagen, dass es keinen Neuen gab. Ich trenne mich einfach so von dir. Sie war erneut umgezogen, wieder in eine zu kleine Wohnung, ihre Bücher mussten im Lager bleiben. Das kostete monatlich fast so viel Miete, wie die zu kleine Wohnung. Sie hatte ihm die neue Adresse nicht verraten, die Telefonnummer auch nicht, und hatte sich ein neues Handy gekauft. Er war dann nicht mehr aufgetaucht, schien ihre Spur verloren zu haben, und jetzt, da sie endlich in ihrem langersehnten Häuschen im Grünen wohnte, fünfzig Kilometer von ihrer letzten Wohnung entfernt, hatte er ihre Spur vollkommen verloren. Sie hatte über ein Jahr nichts von ihm gehört. Sie war von der Großstadt aufs Land gezogen. Ich bin ein Stadtkind, hatte sie ihm oft gesagt, ich brauche das kulturelle Angebot, die Infrastruktur. Er würde sie hier nicht vermuten. Hier war der Hund verfroren. Es war so idyllisch, so einsam, dass es schon unglaubwürdig war. Hier ging kaum jemand über die Straße. Und wenn es einmal einer tat, schauten gleich alle aus dem Fenster. Das machte sie auch. Wenn sich draußen etwas bewegte, stand sie auf und schaute. Sie lächelte über sich. In der Stadt hätte sie viel zu tun gehabt, hätte sie jedem Fußgänger hinterherschauen wollen. Aber hier war es das Einzige, was passierte. Es gab einen kleinen Tante-Emma-Laden im Ort, in dem man sich kaum umdrehen konnte. Er fungierte als Tageszeitung. Wenn man etwas Neues erfahren wollte, den neuesten Klatsch aus dem Dorf, ging man dorthin. Wenn Luisa den Laden betrat, verstummten die Anwesenden. Sie gehörte nicht dazu, kannte die Leute eh nicht, von denen der Dorftratsch handelte. Luisa kaufte nur selten dort ein, bei den Joghurts war meistens das Verfalldatum abgelaufen, und der abgepackte Käse sah merkwürdig aus. Sie fuhr mit dem Fahrrad in den nächstgelegenen Ort, der immerhin einen, wenn auch kleinen Supermarkt hatte. Einmal war sie im Tante-Emma-Laden gefragt worden, ob sie sich in ihrem neuen Haus wohlfühle, und die fünf umstehenden Frauen hatten sie mit einem lauernden Blick angesehen. Ja, hatte sie versichert, sehr wohl. Natürlich hatte jeder gewusst, dass sie von dem Selbstmord des Vorvorbesitzers wusste, ihre Nachbarin würde es den anderen Dorfbewohnern erzählt haben, dass sie mit ihr darüber gesprochen hatte. Warum hat er sich eigentlich umgebracht?, hatte sie deshalb ganz unvermittelt in das Schweigen hinein gefragt, das nach ihrer Versicherung, wie wohl sie sich fühle, entstanden war.

Zwei der Frauen hatten nach Luft geschnappt, aber die anderen hatten sich schnell wieder gefangen.

Er hatte Krebs, hatte eine Frau geantwortet.

Die Frau ist ihm weggelaufen, hatte eine andere Frau fast gleichzeitig gesagt.

Nein, hatte die Verkäuferin gemeint, er hatte Krebs, und dann ist ihm auch noch die Frau mit einem anderen durchgebrannt.

Das stimmt nicht, war der letzten der Umstehenden eingefallen, erst ist ihm die Frau weggelaufen, und davon hat er Krebs bekommen.

Aha, hatte Luisa gesagt. Dankeschön. Der freundliche Dank war ihr unpassend erschienen. Aber die Information half ihr, das Bild zu vervollständigen. Der Mann, der dort hinter ihr am Balken gehangen hatte, hatte also Krebs gehabt und war verlassen worden. Was für Krebs?, hatte sie noch gefragt. Und die Frauen hatten erschrocken irgendwas von Bauch und Magenkrebs gemurmelt.

Einen schönen Tag noch, hatte Luisa gesagt und dann den Laden verlassen. Sie war für die Dorfbewohner zu direkt. Man sprach hier nicht so unverblümt. Aber es machte ihr nichts aus, ein Alien zu sein. Niemand mobbte sie, alle grüßten sie freundlich, manche machten sogar Bemerkungen über das Wetter, wenn sie ihr begegneten, und das, obwohl sich bestimmt herumgesprochen hatte, dass sie vermeintlich Erotik schrieb. Dieses plötzliche Verstummen im Tante-Emma-Laden konnte sie verkraften. Sie setzte sich zurück an den Laptop, und sah es wieder. Den Schatten. Er kam nur, wenn sie saß, nur wenn sie dem Raum den Rücken zuwandte. Die Härchen in ihrem Nacken richteten sich auf. Jemand huschte hinter ihr von der einen Ecke des Zimmers in die andere. Sie wusste, wenn sie sich umdrehen würde, wäre wieder nichts zu sehen. Aber da war etwas, sie sah es sogar in der Spiegelung ihres Laptops. Einen Arm erkannte sie, und eine Hand. Aber dann, als sie genauer auf den Bildschirm schaute, dabei schnell tippte, so tat, als wäre sie beschäftigt, merkte sie, dass das Huschen nicht im Zimmer war. Es war im

Garten. Es war schon die ganze Zeit im Garten gewesen. Aber weil die Bewegungen sich immer in ihrem Rücken abspielten, hatte sie sie hinter sich im Raum vermutet. Die Schatten, die hinter ihr über die Dielenbretter tanzten, fielen durch die Terrassenfenster herein. Jemand war direkt vor dem Fenster, war schon die ganze Zeit dort gewesen. Er beobachtet mich, dachte sie. Seitdem ich hier wohne, beobachtet er mich. Die Terrassentüren waren nicht abschließbar, sie waren alt, man konnte sie leicht aufdrücken. Sie fuhr den Laptop hinunter und löschte das Licht im Zimmer. Sie stand im Dunkeln und schaute durch die Fenster. Da stand jemand hinter den Büschen. Sie sah deutlich eine bewegungslose Gestalt mit breiten Schultern. Leichter Wind kam auf, die Zweige der Büsche wehten ihre Blätter vor das Gesicht des draußen Wartenden.

Sie ging in den Flur an den Bücherregalen vorbei zur Treppe, die zum Schlafraum führte. Vom Schlafzimmer aus konnte man über eine höher liegende Terrasse ebenfalls den Garten erreichen.

Ob sie den toten Mann in ihrem Garten kenne, wollte die Polizei am nächsten Tag wissen. Sie stellte sich ungläubig, schockiert geradezu. Aber das ist doch der Vorbesitzer des Hauses, sagte sie, er hat mir das Haus verkauft. Er war nicht mehr gut zu erkennen, neben ihm lag ein roter Dachziegel, sein Kopf war eingeschlagen, das Gesicht blutverklebt. Beim Spannen von einem Dachziegel erschlagen, das war wirklich Pech. Die Nachbarin hatte ihn gefunden. Sie saß in eine Decke gehüllt in einem Krankenwagen und wurde betreut. Warum hatte sie ihm bloß erzählt, dass sie Erotik schreibe, und nicht die Wahrheit, dass sie eine Horrorautorin war? Sie hatte das Unglück ja geradezu herauf beschworen.

Er hatte sie nächtelang vom Garten aus beobachtet, ihr beim Schreiben zugesehen. Was hatte er erwartet? Das eine Erotikschriftstellerin nackt schreiben würde? Dass sie bestimmte Szenen in einer Ein-Frau-Darstellung vorher ausprobierte? Dass er vom Garten aus einen Blick auf ihren Bildschirm werfen konnte, um zu lesen, was sie gerade schrieb? Oder dass eine Erotikschriftstellerin auch sonst ein liederliches Leben führte?

Als sie über die Terrasse ihres Schlafzimmers leise in den Garten geschlichen war, hatte er immer noch vor ihrem Fenster gehockt, notdürftig hinter einem Busch verborgen, als würde er immer noch hoffen, dass sie das Licht wieder anstellte und weiter schrieb. Sie hatte einen der lockeren Ziegelsteine der Terrassenummauerung mit einem schnellen Griff heraus gezogen und zugeschlagen. Ein einziger Schlag hatte genügt. Und ehe sie sich Gedanken darüber machen musste, ob an Ziegelsteinen Fingerabdrücke zu sehen waren, hatte es plötzlich wie aus Kübeln gegossen. Sie war schnell ins Haus gelaufen und hatte ihre Schuhe abgewaschen. Ein in weiß gekleideter Mann packte den Dachziegel in eine durchsichtige Tüte. Sie warf einen unauffälligen Blick auf den roten Ziegel, man konnte noch ein wenig Blut an einer Ecke sehen. Der Mann sah nach oben, zu ihrem Dach hin. Zwei andere Männer hoben die Leiche in einen Plastiksack. Der Reißverschluss klang endgültig. Ob sie sich in letzter Zeit beobachtet gefühlt hätte, wollte der Kommissar wissen.

Sie schüttelte nachdrücklich den Kopf. Nachdem sie ihre Schuhe abgewaschen hatte, hatte sie lange unschlüssig im Flur gestanden. Sollte sie einfach ins Bett gehen und schlafen? Aber sie hatte gewusst, dass sie nicht würde schlafen können. Sie war nach oben ins Dachzimmer gelaufen, hatte das Gaubenfenster geöffnet und in den Garten gesehen. Dort lag die reglose Gestalt im Gras, wie ein nasser Lumpen. Der Regen war auf ihn niedergeprasselt, und der Sturm hatte an seinen Kleidern gezerrt. Sie hatte einen der lockeren Dachziegel angehoben, hatte ihn angestoßen, er war ins Rutschen gekommen, das Dach hinunter geschlittert und direkt neben dem Toten gelandet. So alte Häuser hatten schon mal lose Ziegel. Auch an den anderen Ziegeln rüttelte der Sturm. Wie leicht konnte da etwas passieren. Sie war barfuß zurück in den Garten gelaufen – Füße ließen sich leichter reinigen als Schuhe - hatte den Ziegelstein sorgfältig zurück in die Terrassenmauer geschoben, und den Dachziegel mit dem Blut des Toten beschmiert. Der Regen würde es abwaschen, genauso wie ihre Fingerabdrücke, aber sicher war sicher. Dann war sie ins Bett gegangen und hatte mit offenen Augen an die Decke gestarrt.

Der Regen dauerte die ganze Nacht.

Am Morgen war der Boden aufgeweicht. Polizei und Spurensicherung wateten im Schlamm.

Mein Schlafzimmer liegt zur anderen Seite, sagte sie, ich habe nichts gehört. Ich habe mich hier immer sehr wohl gefühlt, und nun so was. Sie schüttelte den Kopf, schwankte sogar. Der Betreuer, der neben ihrer Nachbarin saß, sah aufmerksam zu ihr herüber.

Es kam ihr nicht ungelegen, dass er tot war, ganz und gar nicht. Sie würde endlich die lächerliche Girlande vom Balken nehmen können, denn das Knacken und Huschen würde nun bestimmt nicht wieder auftreten, und was noch viel wichtiger war. Sie musste ihm das restliche Geld für das Haus nicht geben. Hunderttausend hatte sie ihm praktisch bar auf die Hand gegeben, mit der Bitte, ihr das Haus schon zu überschreiben, und sich mit den restlichen Neunzigtausend noch ein wenig zu gedulden. Er war sofort einverstanden gewesen, er hatte es ja so eilig gehabt, das Haus loszuwerden. Im Kaufvertrag stand die ganze Summe, aber erhalten hatte er sie noch nicht. Er hatte keine Familie und keine Erben, so viel hatte sie bei dem Gespräch im Flur aus ihm heraus bekommen. Niemand würde das fehlende Geld von ihr fordern. Sie würde es für die Dachausbesserung verwenden.

Manchmal reichte Selfpublishing eben doch nicht aus, sich das ersehnte Häuschen im Grünen leisten zu können. Manchmal musste man noch ein wenig nachhelfen.

Sabine Frambach
Der Wächter der Bücher

Die Bücher erstreckten sich würdig Rücken an Rücken in den uralt anmutenden Regalen. Sie standen schief und erweckten den Eindruck, nur durch die eng stehenden Bände Halt zu finden. In diesem Teil der Buchhandlung hing ein Hauch schimmelnden Wissens, vermischt mit leiser Nostalgie in der Luft. Hierhin verirrten sich nur selten die Besucher, die üblicherweise ihren Lesestoff in den Regalen für moderne Literatur, Spannung, Fantasy und Lebensberatung suchten. Herrn Djehuti war das nur Recht. Diese Bände waren wie Schätze, die in seiner Obhut lagen, und er sah sie nur mit besorgter Erregung in den Händen eines Lesers. Was für Don Quichote die Windmühlen bedeuteten für ihn Schmutz, schädliches Licht und Ungeziefer. Diese Bücher waren alt; er hatte die Aufgabe, sie zu schützen. Eben jagte er noch ein neckend davonschwebendes Körnchen Staub, als der Ton einer schrillen Glocke ihn unterbrach.

Eher unwillig wandte er sich dem störenden Geräusch zu und betrat den gläsernen Verschlag, nicht ohne nochmals durch seinen graumelierten Bart zu streichen. Unverwandt starrte er nun mit durchdringend blauen Augen auf den Kunden, der es wagte, seine Bücher anzufassen. Herrn Djehutis filzige Haarsträhnen umrankten wie ein fransiger Teppich die hohen Wangen, in deren Mitte die vorgewölbte gebogene Nase verächtlich in die Höhe ragte. Das pickelige Gesicht des heranwachsenden Kunden zeigte auch angesichts der drohenden Erscheinung des Wächters keine Regung. Gelassen schlenderte der Junge durch den Raum, zog dort einen Band hervor, wagte es, das Buch aufzuschlagen, blätterte sogar darin, um es schließlich an einer anderen Stelle auf einen Stapel zu legen. Einen krummen Stapel Bücher in die vorgesehene Mulde. Der Bibliothekar hastete zu dem Jungen, ehe er weiteren Schaden anrichtete.

»Junger Mann! Das war nicht der richtige Ort! Stellen Sie das Buch an den richtigen Platz!«

Unbekümmert nickte der junge Mann. »Ja, ich wusste nicht mehr, woher ich das Buch hatte. Tut mir leid. Nun habe ich es verlegt.«

Tiefe Furchen erschienen auf dem Gesicht des Wächters.

»Verlegt? Ich erlaube mir zu sagen, dass Sie dieses Buch unter keinen Umständen verlegt haben. Schließlich sind sie kein Verleger!«

Einen Moment sammelte er Kraft für die Anklage. Im nächsten spreizte er den Finger in die Höhe, sodass bis auf den letzten Engel der heiligen Heerscharen jeder diese Sünde wisse, um kühl zu erklären: »Sie haben es nicht verlegt. Sie haben es verloren.«

Einen betrübten Augenblick innehaltend fuhr er sodann fast spöttisch fort: »Wenn Sie Bücher verlieren, sollte die entsprechende Substantivierung etwas über Ihren menschlichen Wert verraten.«

Der Junge zuckte nicht einmal; vermutlich hatte seine Aufmerksamkeit ab dem zweiten Satz einen Dämpfer erhalten. »Also habe ich es verloren. Tut mir leid. Entschuldigung.«

Der Wächter zitterte. »Das ist nicht zu entschuldigen«, entgegnete er, nur um mit Wucht die Tür hinter dem pickligen Kunden zu verschließen.

Die Situation hatte den Wächter belehrt, aufmerksamer als bisher zu sein, vorbereitet und bewaffnet. Noch einmal sollte keines der Bücher entwendet werden, keines als Untersetzer missbraucht und mit einem bräunlichen Rand riechenden Kaffees besudelt, keines in Ermangelung eines Lesezeichens mit Eselsohren versehen werden. Er hob sie auf, und es glich einer Umarmung, während er sie an ihren Platz trug, dem Regal seinen Inhalt brachte und rasch weiteren Staub mit dem Wedeln der einen Hand entfernte. Nun begann der Wächter mit schützenden Maßnahmen. Er rückte ein Lesepult schräg vor den Eingang des Heiligtums. Er löschte im hinteren Bereich das Licht. Die Werke fielen in einen Schlaf, verschwanden in der Dämmerung und warteten auf einen Prinzen.

Das Mädchen wirkte harmlos in ihrem überweiten Hemd, aus denen die dürren Beine wie schiefgewachsene Karotten hervorschauten. Alle zehn Sekunden bugsierte sie eine Strähne hinter das Ohr. Sie suchte vergeblich in den Regalen. Nun richtete sie ihren Blick auf den Wächter. Ihre Augen bildeten eine graue strahlende Fläche, umringt von schwarzgetuschten Wimpern, die sie gekonnt aufzuschlagen versuchte. Der Blick voller Unschuld täuschte Herrn Djehuti nicht. Er kannte dieses Mädchen, er hatte sie früher oft gesehen. Damals hatte sie Kinderbücher angefasst und stets beschmutzt oder gar zerfleddert. Er meinte sich sogar an ein Buch zu entsinnen, in welchem ein Kaugummi klebte. Jahre später stand sie wieder hier, nur um eines seiner Schätze zu rauben. Doch sie sollte keines haben!

»Entschuldigen Sie, ich such‹ ein Buch«, sagte sie.

Ihr Ton implizierte, dass ihre Suche Herrn Djehuti interessierte. Natürlich tat sie das nicht. Sein einziges Interesse galt, ein Finden zu verhindern.

»Sie befinden sich in einer Buchhandlung. Also haben wir auch Bücher hier. Nehmen Sie sich eines von hier vorne, ganz neue Bücher. Vielleicht etwas über einen eigenartigen

Massenmörder, der seltsame Zeichen in die Körper der Toten ritzt? Oder ein Vampir, der im Sonnenlicht glitzert?«

Einen Moment starrte sie ihn nur an, während er einladend auf das vordere Regal mit der Überschrift neu zeigte. Dann schüttelte sie unwillig den Kopf, sodass die Strähne nach vorne fiel. »Nein, ich suche ein bestimmtes Buch. Ich bin mir sicher, dass es hier war. Ich brauche es für meine Abschlussarbeit. Vielleicht können sie mir beim Suchen helfen. Kubin, die andere Seite. Ich schreibe über das phantastische Element in Kubins Werk.«

Herr Djehuti tat unbeteiligt, obwohl er die Gefahr spürte. »Ich schaue im PC nach.« Rasch verschwand er hinter dem Monitor, tat so, als ob er tippte, und tauchte Sekunden später wieder auf. »Das Buch ist vergriffen, ich kann es leider nicht besorgen.«

»Seltsam, ich bin mir sicher, es hier gesehen zu haben. Hinten bei den alten Büchern.« Schon stand sie auf Zehenspitzen, um einen Blick in Richtung des Heiligtums zu werfen.

Herr Djehuti richtete sich auf, während er mit großen Schritten auf sie zutrat. »Ich bin mir sicher, es ist nicht hier«, sagte er.

Ungeduldig wippte sie auf und ab. »Kann ich mal nachschauen? Online stand es als verfügbar. Das Buch ist vergriffen, ich bekomme es sonst nicht.«

Herr Djehuti hob eine einzelne Braue, um einen schrägen Blick auf die junge Dame zu werfen. »Das Buch ist leider nicht mehr vorhanden.«

Sie glaubte ihm nicht. Schließlich wandte sie sich ab, nur um kurz darauf in Richtung des Heiligtums zu gehen. Herr Djehuti schnappte angesichts dieser Dreistigkeit nach Luft, ehe er ihr raschen Schrittes den Weg abschnitt. Wild fuchtelte er mit den dürren Armen. »Moment! Da können Sie nicht hinein!«

Verwundert bremste das Mädchen ab, doch zog sie argwöhnisch ihre Brauen empor. »Warum nicht? Das Buch, welches ich suche, müsste bei den Klassikern zu finden sein.«

Der Wächter schob sich zwischen der parasitären weiblichen Ruhestörung und dem Eingang zum hinteren Bereich. »Heute ist der hintere Teil geschlossen. Inventur!«, fügte er hastig hinzu.

Sie sah nicht überzeugt aus. Doch der Wächter ließ sie nicht vorbei.

»Umso besser«, meinte sie. »Wenn Sie Inventur machen, können Sie ja schauen, ob Sie das Buch finden. Ich komme dann morgen wieder vorbei.«

Da stand er nun, der Wächter der Bücher, er sah der morgigen Schlacht mit der Ruhe eines Todgeweihten entgegen. Wie ein Gladiator war er dennoch nicht bereit, ohne Gegenwehr zu sterben. Als er sich in Sicherheit wähnte, verschloss er die vordere Türe, hängte ein Schild davor und verzog sich umgehend in den hinteren Bereich. Lautlos hastete er an den Regalen vorbei, strich mit sachten Händen zärtlich über ihre Rücken, ließ die dürren Finger über ihre erhabenen Titel tanzen. Es war ein Leichtes, das von ihr gesuchte Buch gut zu verstecken. Er zog den Band heraus, tätschelte ihn und trug ihn zu den russischen Klassikern. Hinter dem Idioten und Anna Karenina sollte Kubins Band sicher aufgehoben sein. Herr Djehuti hätte nun beruhigt seine kleine Wohnung um die Ecke aufsuchen können, doch ihm war nicht wohl dabei. Sie wirkte so fordernd, so sicher und stark! Er ahnte, dass sie nicht so leicht aufgeben würde.

Am nächsten Tag spazierte sie durch die geöffnete Türe und sah sich einem riesigen Wall gegenüber. Zunächst glaubte sie, es handele sich um Stapel aussortierter Bücher, doch diese bildeten eine zuverlässige Mauer. Es gelang ihr nicht, die Buchhandlung zu betreten. Auf Zehenspitzen schaute sie über die Mauer. Dann rief sie, nicht nur, um sich anzukündigen. Eine Ahnung entstand, dass dieser Wall nur für sie bestimmt war. Sie spürte eine Wut, dass ihr solche Hindernisse in den Weg gelegt wurden. Sie brauchte dieses Buch! Weder in der Bibliothek noch im Internet hatte sie ein Exemplar ergattern können! Ihre Finger pressten sich ineinander, ihre Lippen verzogen sich zu einem Schlitz. »Hallo? Hallo!«

Ihre Stimme erhielt einen gebieterischen Klang. Stille schwappte ihr entgegen. Ihr Herz pochte, ein Faden riss, ihre Wut prallte gegen den Wall. In die Stille hinein brüllte sie: »Jetzt reicht es! Geben sie das Buch heraus!«

Nichts geschah, sie setzte schon an, etwas hinzuzufügen, da meldete sich der Wächter der Bücher und sprach leise, aber mit trauriger Sicherheit. »Herausgeben? Niemals. Schließlich bin ich kein Herausgeber.«

Tief atmete sie. Sie verstand sein Handeln nicht, es ging sie nichts an, sie musste dieses Buch haben. Bei ihrem Vater funktionierte ein bettelnder Ton, den sie nun versuchte. »Ich bitte sie, ich brauche dieses Buch. Es ist nicht richtig, dass Sie die Bücher verstecken. Bücher sind zum Lesen da.«

Es blieb still, doch nach zäh tropfenden Sekunden hörte sie seine leise Antwort. »Kein Problem. Ich lese sie.«

Unbeirrt und mit sich ballenden Fäusten setzte sie nach. »Das meine ich nicht. Bücher sind für alle da. Sie gehören nicht einem Menschen, sie gehören der Menschheit. Sie nicht zu teilen bedeutet, sie zu zensieren. Das ist, als ob es das Buch nicht mehr gibt.«

Ein kurzes heiseres Lachen ertönte, doch es klang bitter, als Herr Djehuti rief:»Es gibt diese Bücher. Ich kümmere mich um sie. Ich sorge für ihre Sicherheit. Niemand knickt ihre Seiten oder befleckt sie. Ich bewahre sie in einem exzellenten Zustand.«

Sie schüttelte den Kopf, wobei sich die braune Strähne löste, um ihr ins Gesicht zu fallen. Die Stirn zu krausen Wellen gezogen überlegte sie, was sie ihm anbieten konnte. »Was möchten Sie für das Buch? Ich habe zu Hause eine Ausgabe von Goethes Wahlverwandtschaften gebunden in rotem Ziegenleder. Wir können doch handeln.«

Nun klang Empörung in seiner Stimme mit.»Ich handele nicht mit Büchern. Ich bin doch kein Buchhändler!«

Ihre Augen verdrehten sich gen Himmel, ihre Brust hob und senkte sich unruhig. Was sie auch versuchte, er gab nicht nach. Sie stand in einer Buchhandlung und durfte dort kein Buch kaufen! Sie schluckte, wischte mit steigender Ungeduld ihre Haarsträhne zur Seite und zückte ihre letzte Karte.»Wenn ich es nicht bekomme, muss ich andere Schritte einleiten!« Die Drohung hatte sie ausgesprochen, ohne sie in die Tat umsetzen zu können. Doch als sie schließlich mit leeren Händen den Raum verließ, stand sie an der Seite, starrte auf die Scheibe, durch die sie den hinteren Teil der Buchhandlung sehen konnte. Trotz mischte sich mit Wut, und Wut machte sie erfinderisch. Was sie benötigte, war eine Ausrüstung. Sie kannte einen Weg hinein.

Sie wartete hinter der Silberweide, bis sie sah, dass er den Laden verschloss. Sie wartete, bis der Wächter den Schlüssel eingesteckt und mit schweren Schritten gegangen war.

Sie wartete, bis die Straße schwieg. Dann bückte sie sich, griff nach einem Pflasterstein, holte aus und traf. Wie es klirrte, knisterte, rauschte, wie die Scherben flogen, wie es prasselte, das feine Glas. Sodann schwieg die Straße wieder. Sie wartete, bis sie sicher war, dass kein Alarm ertönte, keine Sirene, kein Blaulicht. Erst dann huschte sie zum Fenster, hob die Beine und stieg ein. Ihre Hände steckten in langen Handschuhen, ihr Haar steckte unter einer Mütze, eine Taschenlampe erhellte das Heiligtum. Wenig später stand sie wiederum ratlos vor dem Regal. Unter K konnte sie es nicht finden! Er hatte das Buch, er hatte es versteckt! Die Wut zwickte, während sie zurück zum ersten Regal schlich. Dort begann sie, nahm jedes Buch, las den Einband, tastete sich vor, griff hinein, suchte, roch, schnüffelte, drang weiter vor und entdeckte Stunden später inmitten russischer Klassiker das gesuchte Buch. Was hatte sie dafür tun müssen! Zärtlich packte sie es ein, vergaß nicht, den mit Bleistift vermerkten Wert aufgerundet neben die Kasse zu legen, und verschwand durch das zerbrochene Fenster.

Der Buchladen blieb in den nächsten Tagen geschlossen; ein Absperrband der Polizei flatterte, schließlich wurde die Scheibe ersetzt. Wochen später war Herr Djehuti zurück. Niemand hatte ihm geglaubt, dass ein Mädchen ein Buch gestohlen hatte, es noch dazu bezahlt hatte. So verwirrt war Herr Djehuti gewesen, dass er, da waren sich alle einig, dringend Hilfe benötigte, besondere Hilfe für besondere Menschen. Mehrere Wochen hatte er in einer besonderen Klinik besonders viel Aufmerksamkeit bekommen. Seine Wahnideen, seine Verlustängste, seine Zwangsvorstellungen waren betrachtet, dokumentiert und behandelt worden. Er nahm jeden Morgen und jeden Abend eine Mischung aus Risperdal und Haldol, das eine zur Unterdrückung der wahnhaften Ideen, das andere zur Dämpfung seiner Energie. Hatte er früher nie gelächelt, so schien er nun ein sanftes Grinsen nicht aus dem Gesicht entfernen zu können. Alles war weich wie Zuckerwatte, durch die er hindurchstieg.

Er suchte seine Strukturen, ordnete seine Gedanken, beruhigte seine Hände. Er sortierte die Regale; er aktualisierte den Bestand im PC. Mit wehmütigem Lächeln überreichte er jedem Kunden das gesuchte Buch. Er wünschte sogar Freude beim Lesen. Herr Djehuti gab keinem Kunden mehr Anlass zur Klage. Er lächelte, er sortierte, verkaufte und lächelte weiter.

Und doch trug er tief unter seiner Kleidung direkt unterhalb des Herzens einen einzigen Band, eingewickelt in ein Taschentuch und mit einem Gürtel gesichert. Goethes Faust, ein schmales Bändchen, deren Seiten der Zeit tapfer standhielten. Dieses eine Buch sollte keiner haben!

Andrea Travnik

Ode an den Ziegelstein

»Wohl steht das Haus gezimmert und gefügt, doch ach, es wankt der
Grund, auf dem wir bauten.«
Friedrich Schiller

»The house of delusions is cheap to build but drafty to live in.«
A. E. Housman

Auftragsarbeit. Überlegen, wem was gefällt. Der Plan geht
bei mir vermutlich nicht auf. Lieber keine Geschichte als
eine schlechte. Ich kann eine existierende einer Vorgabe
entsprechend adjustieren, aber eine neue aus meinem Hirn
in meine Finger aufs Papier zu bringen, das schaffe ich
nicht. Nicht zufriedenstellend. Das Thema der Ausschreibung, die mich nicht loslässt, oder vielmehr der Protagonist
–»der Ziegelstein«. An einem schwülen Sommerabend im
heimatlichen Süden Kärntens habe ich davon in meinem
Smartphone gelesen. Immer wieder durchwühle ich die
Literatur-Homepage meines Vertrauens auf interessante
Ausschreibungen. Denn manchmal geht mein Plan doch
auf, eine existierende, eine gute Geschichte abzuschicken
und zu hoffen. Eine dem Thema entsprechende.

Wie ich bereits zugegeben habe (die Scham schwebt vor
meinen Augen), habe ich in der Vergangenheit manchmal
wie eine besonnene Handwerkerin an einem Text gebastelt,
habe umgestellt, eingefügt, gehämmert, gelockert und dabei
auch Risse zugespachtelt, um ihn einer Vorgabe anzupassen. Einem Auftrag, auch wenn es ein mir selbst erteilter
war, habe ich mich bisher verwehrt. Warum eigentlich?

49

Die Ausschreibung, der Ziegelstein als Protagonist, hat mir – wie nahe liegt dieses Bild! – Steine in den Weg gelegt. Leider nur die scharfkantigen, von der Witterung zugeschliffenen Monstren, die ich nicht schaffe umzuformen, zurecht zu meißeln. Solch ein Werkzeug besitze ich nicht. Und außerdem. Das ist auch keine permanente Lösung. Von einem Ziegelstein, so zumindest in meiner Vorstellung, muss Bestand erwartet werden können. Ziegel auf Ziegel. Da darf nichts hervorstehen, nichts wegbrechen. Plan und Aufbau. Ein Nutzen, vor allem der Nutzen!

Keine meiner Geschichten aber, nach sorgfältiger Recherche meiner Hirnfestplatte, befasst sich mit dem Ziegelstein. Steine kommen hie und da vor, rötliche und graue, am Grund des Baches liegende, vom Wasser abgerundete. Häuser? Vor allem das Haus, in dem ich meine Kindheit verbracht habe, bevor wir nach Vaters Tod zurück in Mutters Elternhaus gezogen sind. Und Mauern ... Mauern durchziehen meine Texte wie ein roter Faden.

Wie seltsam scheint es da, dass ich diese Mauern nie in ihre Einzelheiten zerlegt habe, gebrochen – oder weniger radikal – versucht habe, einen einzelnen Ziegelstein zu befühlen oder einen lockeren herauszunehmen, um ihn zu inspizieren? Oft kann man in meinen Geschichten von Moos lesen, das aus den Ritzen von Burgmauern wächst, eine Einheit masert. Nie aber habe ich den einzelnen Mauerziegel betrachtet. Den aus Lehm gebrannten oder den durch harte körperliche Arbeit aus Bruchstein gehauenen Ziegelstein. Oft genug bin ich an die Mauern getreten, konnte das Moos riechen, habe die feuchten Pölsterchen berührt und keinen Gedanken an die feste Basis verschwendet.

Die Ausschreibung also verwerfen, auf »Händelbares« warten? Vorgenommen habe ich es mir, als ich im Bett das blau leuchtende Display auf Off geschalten habe. Tabs und Augen schließen. Ich kann doch nicht eine Geschichte aufbauen wie ...

Am nächsten Morgen wache ich im kühlen Zimmer auf. Im Gegensatz zu meiner aufgeheizten Garconniere in Wien kann ich hier im Sommer atmen. Das Mauerwerk ist gut isoliert. Großvater, der bereits 1978, zehn Jahre vor meiner Geburt, verstorben ist, hat mein Elternhaus, so erzählt es mir Mutter beim Frühstückstee, aus dem Nichts geschaffen. Wie das ging, ohne Geld, ein Mann alleine mit einer schwangeren Frau, noch vor dem Nachkriegsaufschwung?, frage ich. Zusammenarbeit, sagt sie. Und: Mein Vati hat das alles ohne Kredit geschafft. Stolz und ein wenig Traurigkeit schimmern in ihren Augen. Ich bekräftige ihr, wie sehr ich mich darüber freue, während der gnadenlosen Hitzewelle weg von meiner kleinen Backofenwohnung ins kühle Haus flüchten zu können. Sie nickt verständig, jaja, deine Altbauwohnung hält weder Hitze noch Kälte ab. Sie blickt von ihrem Marmeladebrot auf und verweilt ein paar Sekunden mit ihrem Blick in der Leere. Früher aber, fuhr Mutter fort, früher, als im Haus nur mit einem Ofen im Familienzimmer geheizt wurde, da war uns Geschwistern schrecklich kalt. So eine Kälte kannst du dir heut nicht vorstellen. Die Eisblumen haben die Fenster verhängt und wenn es zum Schlafen war, bekam jedes Kind einen im Backrohr aufgeheizten und in Fetzen gewickelten Ziegelstein mit ins Bett. – Das musste reichen. Ein mahnender Ton schwingt in ihrer Stimme mit. Sie schüttelt den Kopf und die Schultern ein wenig oder es schüttelt sie, als sie sich zurückerinnert. Schon ist ihr Blick wieder fokussiert, sie beginnt, ihr Geschirr abzuräumen.

Ich genieße den Geschmack des Bauernbrotes, das meine Mutter bei einer Bäurin aus dem Jauntal bestellt. Ich halte eine bloße Scheibe unter meine Nase und atme den nach Anis und Kümmel duftenden Sauerteig tief ein. Mutter lächelt. Was das für eine Arbeit ist, so einen Laib zu kneten!, ruft sie mir über die Schulter zu, als sie sich über den Geschirrspüler beugt. Ich schaue fragend in ihre Richtung, während ich einen großen Bissen zerkaue. Obwohl wir Kinder viel Haus- und Feldarbeit übernommen hatten, hat Oma das Brot aber immer selbst gebacken – diese anstrengende Aufgabe wollte sie keinem zutrauen.

Ich erinnere mich zurück: Als die Eisenkappler Oma noch in diesem Haus, in dem meine Mutter nun alleine wohnt, gelebt hat, noch vor der letzten großen Renovierung, bevor sie begonnen hatte zu vergessen, stand ihr Bett neben dem imposanten Brotbackofen mit den hellbraunen Kacheln, die ein dunkelbraunes Blumenmuster zierte. Wegen ihrer kaputten Hüfte konnte sie schon lange nicht mehr in den ersten Stock in ihr eigenes Schlafzimmer gehen.

Ich beichte Mutter, dass mir erst mit zehn Jahren bewusst wurde, was dieses kunstvoll gemusterte Gebilde früher für einen großen Nutzwert für die Familie hatte.

Lachfältchen bilden sich um ihre Augen. Die schönen Kacheln hat mein Vati noch vor seinem Tod an den Brotbackofen angebracht – reine Deko, zwecklos, sie kichert fast ein wenig. Vorher waren die Schamottziegel einfach weiß verputzt. Oma sollte es nett in ihrem neuen Schlafzimmer haben. Ich freue mich und stecke mir den letzten Bissen Brot in den Mund.

Nach dem Frühstück gehen wir in den Garten, ich bewundere die Blumen und drehe mich dann doch wieder zum Haus um, betrachte das dreistöckige Gebäude. Vielleicht war es schließlich an der Zeit, »dem Ziegelstein« die gebührende Ehre zu erweisen. Endlich an die Mauern

herantreten und nicht nur eine Einheit erkennen, die ab-
grenzt, eingrenzt, begrenzt, versteckt, schützt, festhält, Exil,
Heimat, Fremde ist. Einen Schwenk weg von der Google-
Earth-Optik zum Einzelnen und alle Fragen stellen, die
davon ausgehen.

Ziegelsteine, die im Mauerwerk meines Elternhauses,
meines Großelternhauses, bei Wind und Wetter, in Hin-
blick auf den Schutz der wachsenden Familie gestapelt
wurden, haben später meine Mutter, Tanten und Onkeln in
bitterkalten Wintern die Füße gewärmt und es möglich
gemacht, dass immer frisches Brot im Haus war.

Jene Ziegelsteine umgeben mich, als ich diese Worte
niederschreibe. Ich liege jetzt in meinem Schlafzimmer auf
der Tagesdecke, lasse meinen Blick durch den Raum
wandern. Ich fühle den Bestand, streiche über die Wände,
die schon viele Schichten Farbe tragen, einige Male tape-
ziert wurden, in denen Löcher und Risse zugespachtelt
wurden. In den übrigen Räumen wurden im Laufe der
Jahrzehnte Mauern eingerissen, neue Eingänge geschaffen,
andere zugemauert. Irgendwann wurden weitere Strom-
leitungen eingebaut, wieder wurde gewerkelt, gehämmert,
gehauen und aufgebaut, gedämmt, zementiert. Dreißig
Jahre nachdem meine Großeltern mit ihrem ersten Kind,
meiner Tante, in das Haus eingezogen sind, bekam der
Rohbau eine weiße Fassade. Keine Dekoration. Es war
einfach an der Zeit, die Risse zu verbergen. Endlich eine
Einheit schaffen.

Viola Rosa Semper
Im Schutz der Bücher

In der Buchhandlung »Ziegelstein« in Nürnberg gab es
früher eine unverputzte Mauer. Niemand wusste so genau,
warum sie da war. War dem ursprünglichen Besitzer das
Geld ausgegangen, bevor die Mauer fertiggestellt werden
konnte? Hatte man vergessen, sie zu verputzen? Oder war
das Haus verflucht und jeder Versuch die Mauer zu
verputzen, hatte mit dem tragischen Tod aller Beteiligten
geendet? Niemand wusste es so genau und eigentlich
interessierte es auch niemanden. Die Mauer war halt
einfach da, das war sie schon immer. Auch schon vor was-
weiß-ich-wievielen Jahren, bei der Eröffnung der Buchhandlung, war ganz hinten in der Abteilung für Romane
eine unverputzte Mauer - DIE unverputzte Mauer.

Ziegelstein auf Ziegelstein, bis rauf zur Decke. Sie
gehörte ebenso zur Buchhandlung wie der Geruch nach
frischem Kaffee, die auf Italienisch geführten Telefongespräche der Besitzerin und einzigen Verkäuferin und die
Patchworkdecken, die überall für kühlere Tage bereitlagen.
Und niemand beachtete sie so recht. Natürlich behauptete
so manche böse Zunge, dass die Mauer im Winter zu kalt
sei. Und das wirke sich auf die gesamte Buchhandlung aus.
Irgendwann würden die Heizkosten explodieren und die
Buchhandlung würde pleite gehen und das alles nur wegen
dieser dummen Mauer!

Auf solche Behauptungen reagierte die Besitzerin gelassen.
Sie zog eine Augenbraue hoch und bot dem unzufriedenen
Kunden eine Tasse Kaffee an, um sich aufzuwärmen. Und
während die Kaffeemaschine blubberte, wurde im Hinterzimmer ein ernstes Gespräch geführt. Sobald der Kaffee
fertig gebraut war, hatte der Kunde keine Zweifel mehr,

dass die Mauer perfekt sei, genau so, wie sie ist. Sie war einfach ein Teil der kleinen Buchhandlung! Und selbst wenn nicht, wollte sich keiner zweimal mit der leicht molligen Italienerin anlegen.

Irgendwann beschwerte sich niemand mehr. So manche treuen Kunden konnte man sogar dabei beobachten, wie sie liebevoll über die Steine strichen. So, als wäre das nicht irgendeine Mauer, sondern ein alter Freund. Es war nicht eine Mauer, es war DIE Mauer. Sie mochten sie. Sie verbanden doch so viele Erinnerungen mit ihr!

Erinnerungen an Lieblingsbücher, an Tränen, an Lachen und an Stunden voll Spannung. An Abende, eingemummelt in eine alte Decke, mit einem Glas voll Rotwein und diesem einen Buch, das man sowieso nicht weglegen könnte, auch wenn gerade keine alte Decke und kein Rotwein da wären.

Erinnerungen an Bücher, die voller Zorn und Enttäuschung gegen die nächste Wand oder sogar aus dem Fenster geflogen sind. Erinnerungen an verlorene Lesezeichen, Eselsohren und mehrfach gebrochene Buchrücken.

Im Februar, an einem eiskalten Morgen, kurz nach dem Valentinstag, tauchte die erste Botschaft auf einem der Steine auf. Die Schrift war zittrig und an manchen Stellen verwischt. Da stand:»Hier haben wir uns zum ersten Mal geküsst. Für immer: N+C«. Wer »N+C« waren? Da war sich niemand so sicher. Es könnten Natalie und Carla gewesen sein, die seit drei Monaten zusammen waren und jede Woche Hand in Hand durch den Buchladen spazierten. Es könnten aber auch Niels und Charlotta sein, die ihr erstes Kind erwarteten und sich darüber stritten, nach welchem Autoren sie es benennen sollten. Oder

Christine und Nepomuk, die sich vor einer Ewigkeit in eben dieser einen Buchhandlung kennengelernt hatten. Ganz hinten, in der Abteilung für Romane.

Vielleicht hatte sich auch einfach nur jemand einen Scherz erlaubt, jemand, der Verwirrung stiften wollte. Das mit der Verwirrung war auf jeden Fall gelungen. Einige Kunden sprachen von einer »Verschandelung« der wunderschönen Mauer und boten der Besitzerin an, einen finanziellen Beitrag zur Reinigung zu leisten. Sie lehnte ab. Die Mauer gehörte zur Buchhandlung, so wie sie war – und jetzt war halt eine kleine Nachricht darauf. Die Botschaft war jetzt ein Teil der Buchhandlung und solange auf der Mauer nur stand, dass N und C einander geküsst hätten, sei das komplett in Ordnung. Und so blieb die Nachricht, wo sie war.

Und alle gewöhnten sich daran. Irgendwann tauchte dann die nächste Nachricht auf: »Hier hat B. mir, S., einen Heiratsantrag gemacht. Ich habe ›Ja‹ gesagt.«

Unter dem kurzen Text hatte jemand zwei Tauben gezeichnet, die sich zu küssen schienen.

Natürlich gab es auch dieses Mal wieder Leute, die sich ärgerten und die Besitzerin zu einer Renovierung drängen wollten. Es waren weniger, aber es gab sie noch. Die Italienerin blieb hart. Sie war neugierig, wohin sich die Sache mit der Backsteinmauer entwickeln würde.

Die meisten Kunden aber freuten sich über die neue Botschaft. Manche gingen sogar so weit, dass sie Glückwunschkarten und Blumensträuße vor der Mauer ablegten. Und alle paar Tage verschwanden die Karten und Blumen, ohne dass jemand so genau wusste, wer sie mitgenommen hatte. Sicher musste der ein oder andere einen

Verdacht gehabt haben, aber wer wirklich hinter B. und S. steckte, konnte niemand herausfinden.

Wieder vergingen ein paar ruhige Monate. Wieder gewöhnten sich alle an die neue Nachricht. Mehr noch: Die kleinen Botschaften machten die Leute glücklich. Sie freuten sich mit den zwei fremden Pärchen, die sich dazu entschieden hatten, ihr Glück mithilfe der roten Backsteinmauer in die Öffentlichkeit zu bringen.

Im Laufe der Jahre tauchten immer neue Nachrichten auf. Und bald beschwerte sich niemand mehr. Ganz im Gegenteil: Die Menschen warteten fast schon ungeduldig auf die nächste Nachricht. Und natürlich kamen die Botschaften – manchmal eine alle paar Tage, manchmal eine alle paar Wochen, manchmal vergingen mehrere Monate, bevor jemand eine neue Notiz bemerkte.

Da war eine Nachricht von J., die oder der hier eine Zusage zu seiner oder ihrer Traumstelle bekommen hatte. K. hatte hier ihre ersten Worte gesagt. A. hat hier festgestellt, dass er oder sie sich nicht mehr umbringen möchte. O. hatte beschlossen seinen oder ihren Traum zu verwirklichen und eine Weltreise zu machen. Und hatte sich gleich noch die passenden Reiseführer besorgt.

Jemand anders hatte hier endlich seine oder ihre echte Mutter kennengelernt. Jemand hatte sich für einen Kurs an der Universität eingeschrieben. Wieder jemand anderer hatte sich für einen Sprachkurs angemeldet. Und ein junger Autor oder eine junge Autorin hatte hier zum ersten Mal sein oder ihr eigenes Buch im Regal gesehen.

Alle Botschaften schienen vor Glück überzuschäumen. Und das Glück übertrug sich auf jeden, der die Buchhandlung betrat.

Jede der Nachrichten machte glücklich – bis auf eine Ausnahme.

In der Mitte der Mauer hing ein Zeitungsausschnitt. »Im hohen Alter von uns gegangen: Lena. Von uns allen geschätzte und geliebte Mutter, Oma, Ehefrau und gute Seele der Buchhandlung ›Ziegelstein‹.«
Rundherum hatte jemand Bilder aufgehängt. Eines zeigte die Besitzerin des Buchladens als junge Frau, bei der Übernahme des Ladens. Ein anderes zeigte sie beim Einordnen von Büchern in der Kinderabteilung. Ein anderes bei ihrer Hochzeit. Wieder ein anderes mit ihrer kleinen Tochter. Und so weiter, und so weiter.

Noch war nicht geklärt, wer die Buchhandlung übernehmen würde. Die Tochter, die bald mit dem Studium fertig war? Der Verkäufer, den sie vor zwei Jahren eingestellt hatte, als Lena die Arbeit nicht mehr alleine bewältigen konnte? Oder würde sich eine der großen Buchketten des kleinen Ladens annehmen?

Letztendlich war das egal. Die treuen Kunden blieben dem kleinen Laden treu. Und auch wenn die Kaffeemaschine nicht mehr ganz so oft gurgelte, keine italienischen Telefongespräche mehr geführt wurden und keine neuen Patchworkdecken mehr auftauchten, blieb die Buchhandlung »Ziegelstein« gut besucht. Und jeder Kunde, der an der unverputzten Mauer vorbeikam, grüßte sie mit einem liebevollen »Hallo, Lena!« oder mit einem »Na, Lena, wie geht's dir heute?«.
Heute gibt es die Mauer nicht mehr. Der neue Besitzer muss sich darum gekümmert haben. Doch ganz vergessen ist sie nicht, denn aus einem unbekannten Grund war es

unmöglich, die Schrift komplett zu überdecken, sodass die Nachrichten noch immer leicht durchschimmern.

Einem Gerücht nach ist dafür die Seele einer früheren Buchhändlerin verantwortlich. Wenn man dem Gerede glaubt, sorgt sie immer noch dafür, dass die Bücher immer an der richtigen Stelle stehen. Im Gegenzug dazu haben es sich treue Kunden angewöhnt, immer wieder eine Kaffeebohne in das Regal zu legen, das inzwischen an der sagenumwobenen Mauer platziert wurde. Warum eine Kaffeebohne? Nun, immer wieder beginnt die Kaffeemaschine im Hinterzimmer einfach so zu blubbern. Und niemand würde es der alten Geisterfrau verwehren, ihren Kaffee zu trinken! Denn es handelt sich hier ja um ein guter Geist. Und gute Geister, die will niemand verscheuchen – oder?

Viola Rosa Semper
Im Schutz der Bücher

Es war ungewöhnlich ruhig für einen normalen Montagmorgen. Ariadne drehte sich auf die andere Seite, zog die Bettdecke über den Kopf und die Beine ganz nah an ihren Körper. Ihr heißer Atem befüllte den kleinen Raum, bis sie das Gefühl hatte, zu ersticken. Sie musste aufstehen, es half nichts. Bei dem Gedanken lief es ihr eiskalt über den Rücken. In ihrem Nacken, an ihren Armen bis in den kleinsten Finger stellten sich die Haare auf.

Wie eine beinahe Ertrunkene schnappte Ariadne nach Luft, als sie den Kopf endlich hervorstreckte, die Augen öffnete. Das Zimmer war hell erleuchtet. Alles deutete auf einen normalen Montagmorgen hin. Doch etwas lag am Fensterbrett, etwas, das sie dort noch nie gesehen hatte. Einmal, zweimal, dreimal ganz tief durchatmen, die Angst hinunterschlucken, damit sie nur den Magen zerfressen konnte, aber die Gedanken befreit waren.

Die Neugierde gewann. Ariadne schwang ihre Beine aus dem Bett. Sie runzelte die Stirn. Am Fensterbrett lag ein karminroter Ziegelstein. Sein Anblick verstärkte ihre Panik. Nur mit Mühe konnte sie dem Drang widerstehen, sich erneut unter der Bettdecke zu verstecken.

»Ich bin stärker, ich bin stärker«, murmelte Ariadne und zwang sich die wenigen Schritte bis zum Fenster zurückzulegen. Zaghaft streckte sie ihre Finger nach dem Stein aus. Der Ziegel war kalt und rau. Tief durchatmend, mit geschlossenen Augen, wurde das harte, fremde Ding befühlt. So bedrohlich war es gar nicht.

Zwischen den Löchern spürte sie etwas. Es raschelte, als sie mit der Fingerkuppe darüber strich. Ariadne öffnete die Lider. Ein kleiner, zusammengerollter Zettel steckte zwischen den Furchen des Ziegelsteins. Gierig las sie die Zeilen, die darauf standen:

Was
Soll schon passieren?
Wovor
Fürchtest Du Dich?

Ariadne wirbelte herum, als hätte ihr jemand von hinten auf die Schulter getippt. Immer noch war es mucksmäuschenstill im Haus.

Heute könnte der Tag sein, an dem sie starb, dachte sie wie so oft, tapste vorsichtig zu ihrer Zimmertür.

Am Boden lag ein weiterer Ziegelstein. Vom Bett aus war er nicht zu sehen gewesen. Etwas Weißes blitzte hervor. Hastig entfaltete Ariadne auch diesen Zettel:

Was
Soll schon passieren?
Das Leben
Ist lebensgefährlich.

Ariadne zitterte, konnte dem Drang nicht widerstehen, flitzte zurück ins Bett und zog sich die Bettdecke über den Kopf.

»Wovor habe ich Angst?«, flüsterte sie ihrem Teddybären zu.

Die Minuten vergingen, das Haus blieb still. Es half alles nichts. Sie stand gequält auf, drehte sich im Kreis, ging ein paar Mal auf und ab, um sich zu beruhigen, schlich schließlich zur Zimmertür. Es brauchte all ihren Mut, um die Klinke hinunterzudrücken.

Draußen krachte es. Ariadne ließ augenblicklich los, bebte vor Furcht.

»Du kannst das! Du schaffst das!«

Sie war – seit sie denken konnte – von Angst geplagt worden. Aber heute wollte sie stark sein. Obwohl ihr das Herz bis zum Hals schlug, öffnete das Mädchen die Tür. Ein Teil des Dachs war eingestürzt. Durch das kleine Loch strahlte die Sonne herein. Mit einem Satz hüpfte Ariadne über den kleinen Trümmerhaufen, entdeckte einen weiteren Zettel zwischen zwei Dachziegeln:

Geh weiter!
Such den Sinn!
Sterben?
Das müssen wir alle irgendwann.

Ihr Atem beruhigte sich. Der Stein hatte Recht. Noch immer standen ihr die Haare zu Berge. Sie wagte sich vorwärts in das leere Haus. Die Küche war einsam, das Wohnzimmer traurig. Im Büro ihrer Eltern konnte sie die Stille nicht ertragen.

Leise Stimmen lockte sie fort, die Treppe hinab ins Erdgeschoß. Auf der letzten Stufe lag ein Ziegelstein. Sein Zettel sagte:

Hast Du
Das Flüstern gehört?
Ich?
Ich höre es auch.

Jetzt wurde ihr Herzschlag ruhiger. Ihre Gänsehaut legte sich. Nur der kalte Schweiß verriet noch ihre Angst. Beim

Lesen, und wenn es nur Gedichtzeilen waren, schmolz ihre Furcht dahin – zumindest für den Moment.

»Hallo?«, fragte Ariadne.

»Ist da jemand?«

Nichts war zu hören, außer einem Flüstern aus dem hintersten Raum. Ariadne ging darauf zu. Was wohl auf sie warten würde?

Ihr ganzer Körper zitterte, aber im Inneren war sie ruhig geworden. Ihre nackte Füße blieben an den kalten Fließen kleben, wollten sich nicht mehr heben lassen.

»Ich will weiter!«, schrie sie.

»Still stehen ist der Tod!«

Und der Tod war schon immer ihr größter Feind gewesen.

»Vielleicht ist heute der Tag, an dem ich sterbe«, dachte Ariadne.

Mit einem Ruck hob sie ihre Beine an, erreichte die Tür am Ende des Gangs, riss sie auf.

Die Stimmen verstummten. Der Teppichboden, der sie erwartete, verschluckte jedes Geräusch.

»Hallo?«, fragte das Mädchen in die Stille hinein.

»Wo bist Du?«

Neben der Tür war ein hohes Bücherregal, beladen mit Ziegelsteinen. In jedem steckte ein Zettel.

Welcher wohl der Richtige war? Der Nächste? Der, der verriet, wie das Gedicht weiterging?

Ariadne schloss die Augen, wählte blind einen Zettel, nahm ihn heraus, rollte ihn auf. Sie erkannte Buchstaben, aber keine Worte. Die Panik kroch erneut in ihr hoch. Schwer atmend gab es nur mehr den Wunsch zu schreien, fortzulaufen, zurück in ihr Zimmer, zu ihrem Teddybären, sich unter der Bettdecke zu verstecken, weiterzuschlafen, diesen schrecklichen Montagmorgen zu vergessen.

Es war das Schlimmste passiert, das ihr hätte widerfahren können: Ariadne hatte das Lesen verlernt. Alle Regale um sie herum waren mit Büchern gefüllt, so weit das Auge sehen konnte. Zittern, weinen, stumme Schreie.

»Du kannst das! Du schaffst das!«, sprach sie sich Mut zu, hob ihren Blick auf die tausenden Bücher, wagte einen Schritt, dann einen weiteren. Die Finger ließ Ariadne über die Buchrücken gleiten, spürte die dicken Seiten, wenn manche verkehrt herum ins Regal geschoben worden waren.

In der Ferne leuchtete ein Licht. Wie verzaubert ging sie darauf zu.

Ob das der Tod ist, fragte sich das Mädchen und blieb stehen. Die Bücher hatten erneut begonnen, zu flüstern, Worte in die Luft zu hauchen.

Die Angst war beständig da, begraben vielleicht, aber abgeebbt. Bücher halfen. Die Figuren in ihnen halfen noch mehr. Seit Ariadne denken konnte, hatte sie sich bei ihnen versteckt, wenn die Welt sie erdrückte, erstickte, verstummen ließ. Die Geschichten hatten sie gerettet, hatten ihr immer wieder Schutz geboten. Und jetzt waren sie ihr so fern, denn all die Worte blieben ihr vorenthalten. Ihre Freunde, die sie zwischen dicken Buchdeckeln gefunden hatte, würden vergeblich auf ihren nächsten Besuch warten müssen. Die Geschichten, die sie liebte, die sie begleitet hatten durch ihr ganzes Leben, waren ihr entglitten.

Die Tränen wollten nicht mehr versiegen. So schlimm schmerzte Ariadnes Verlust.

Sie heftete konzentriert ihren Blick auf ein Regalbrett vor ihr, versuchte, die Buchtitel zu entziffern, entdeckte etwas Rotes zwischen zwei Büchern. Sie erkannte einen Ziegelstein, zog seinen Zettel hervor.

Hoffnungslos entrollte sie ihn.

Warum

Gehst Du nicht hinaus?

Hast Du Angst,

Dass Dir ein Ziegelstein auf den Kopf fällt?

... stand darauf. Ein breites Lächeln legte sich auf ihr Gesicht. Die Furcht, die Panik, die sie erfüllt hatte, verschwand von selbst. Ariadne musste die Angst nicht mehr bekämpfen, stattdessen öffnete sie die Glastür, durch die das Licht gekommen war.

Eine warme Hand hielt die ihre, als sie blinzelte. »Aria! Gott sei Dank!«, entfuhr es Ariadnes Schwester, »Weißt du, was passiert ist?«

Ariadne überlegte. Die Bücher hatten ihr zugeflüstert. Die Ziegelsteine hatten ihr den richtigen Weg gezeigt, ihr das Lesen wieder beigebracht. Das Gedicht hatte ihr Leben gerettet.

»Ein Traum«, flüsterte sie, »nur ein Traum.«

»Leider nein, Liebling, dir ist gestern wirklich ein Ziegelstein auf den Kopf gefallen«, sagte ihre Mutter, die neben der Schwester saß. Ihre Stimme versagte.

Ariadne wollte ihr ins Gesicht sehen, drehte den vor Schmerzen pulsierenden Kopf. Ihr Blick fiel auf das Nachtkästchen neben ihr. »Mädchen (16) von Ziegelstein attackiert!«, stand am Titelblatt der lokalen Klatsch-Presse. Da begann Ariadne zu lachen. Immer hatte sie sich gefürchtet, Risiken einzugehen, nachts das Haus zu verlassen, Auto zu fahren. Nicht einmal die Straße überqueren konnte sie, ohne tausend Mal in jede Richtung geblickt zu haben. Und jetzt war ihr ein Ziegelstein auf den Kopf gefallen.

Das Lachen tat gut, obwohl es schrecklich schmerzte. So lachen konnten nur jene, die ihre Furcht überwunden hatten.

Sabine Burkhardt
Ziegel Ziegel Stein

Fast schon ein Haus
Ohne Schloss und Riegel
Vom Stein bis zum Ziegel
Solides Fundament
Braucht nur noch Zement
Und viele Lücken
Fenster, Türen, Tücken
Rein und raus
Fast schon ein Haus
Ziegel gebrannt
Gefahr gebannt
Ziegel meistens Rot
Steine tun not
Steine ganz fest
Bauen ein Nest
In Ziegelstein als Test
Zum Einzug ein Fest
Trockene Tücher
Was fehlt sind die Bücher
Ein Leben ins Braus und Saus
Fast schon ein Haus

Hanna Quitterer
Irinas Lächeln

Alles begann mit Irinas Lächeln.

Die Welt, sich in die richtige Richtung zu drehen.

Mein Leben, einen Sinn zu bekommen.

Ihr Lächeln war eine Herausforderung. Es konnte mich anspornen, eine bessere Person zu werden. Gleichzeitig sagte es mir, dass es ausreichte, ich selbst zu sein. Wenn man Irinas Lächeln sah, erkannte man sofort, wie mutig sie war: Man erkannte es am Glanz ihrer dunklen Augen, dem Zucken ihres linken Mundwinkels, und an den kleinen Falten, die kurz auf ihrer Nase erschienen. Man erkannte, dass sie existierte, um Abenteuer zu erleben, fremde Orte zu erkunden und Rätsel zu lösen. Um Dinge auszusprechen, die andere nur dachten. Im Gegensatz zu ihrem war mein eigenes Lächeln kaum der Rede wert. Es erschien selten und war einfach nur ein Lächeln, und nicht mal eins, das meine Ängste verbarg. Im Gegensatz zu Irina war ich überhaupt nicht mutig. Man sah mir wohl an, dass ich höchstens existierte, um Samstagnachmittage lesend in meinem Zimmer zu verbringen und zusammenzuzucken, wenn ich irgendwo eine Feuerwehrsirene hörte. Um Dinge für mich zu behalten, weil ich fürchtete, jemand könnte mich nicht mehr mögen, wenn ich sie aussprach.

Bevor Irinas Lächeln die Welt und mein Leben in die richtige Richtung lenkte, bestand ich zu 80 Prozent aus Angst. Als ihre Familie im Haus neben unserem einzog, sie kurz darauf klingelte, um nach Eiern zu fragen und sich dann freute, dass hier ein Mädchen in ihrem Alter wohnte, begann sie bereits, kleiner zu werden. In der jetzt kurz scheinenden Zeit, in der Irina meine beste Freundin war, glaubte ich, mutiger zu werden. Aber vielleicht war ich das gar nicht, denke ich jetzt. Vielleicht war sie einfach nur mutig genug für uns beide zusammen.

An einem Abend Jahre später verlässt mich jeglicher Mut. Ich bestehe nur noch aus Zittern und Schweiß, und bestimmt sieht mein Gesicht aus wie versteinert. Ich wische meine feuchten Hände zum vierten Mal an meiner Hose ab. Warum wusste ich nicht, dass das Event auf einer Dachterrasse stattfindet? Ausgerechnet. Wenn ich es schaffen würde, hinunterzusehen, wäre die Stadt sicher winzig, wie eine Spielzeuglandschaft, aber das bringe ich selbstverständlich nicht über mich. Schlimm genug, dass seit etwa zwei Minuten von mir erwartet wird, die Eisentreppe hinunterzugehen, um ein neues Tablett mit 12 Sektgläsern zu holen. Aber wenn ich auch nur einen Blick durch das Gitter werfe, muss ich sicher sterben.

Jemand tippt mich an. »Karla? Alles klar?«

Meine Kollegin sieht eher genervt als besorgt aus. Ich bringe das »Ja« kaum heraus, und nicht einmal die schwächste Version meines Lächelns.

»Du gehst Sekt holen, oder? Sagst du Philip, dass die Teilchen schon alle weg sind? Die mit Lachs? Danke?«

Alles, was sie sagt, klingt wie eine Frage, dabei handelt es sich eher um versteckte Anweisungen: Du wirst nicht fürs Rumstehen bezahlt. Mach kein Gesicht, als ob du gleich ohnmächtig wirst.

Also gehe ich mit meinem leeren Tablett zur Treppe, setze vorsichtig einen Fuß vor den anderen und gebe mir Mühe, nicht nach unten zu sehen.

Höhenangst hatte ich eigentlich schon immer. Wenn man sie selbst nicht hat, kann man sich kaum vorstellen, wie unerträglich es ist: Dieses Gefühl, der Boden käme einem entgegen, die Treppe oder Leiter, auf der man steht, würde immer weiter kippen, die eigene Brust sich immer weiter zusammenziehen, nur wegen ein paar Metern zwischen dem eigenen Körper und dem Boden. Irina konnte es nie verstehen. Sie versuchte es, weil sie meine Freundin war, aber es lag ihr einfach im Blut, so viele Meter wie möglich zwischen sich und den Boden zu bringen. Sie mochte den Ausblick, aber auch den Adrenalinkick, das Herzklopfen, diese Freiheit, von der sie einmal sprach. Sie mochte es, weil es ein Abenteuer war. Das sagte sie mir selbst, bevor sie auf unser Dach kletterte und kurz darauf die Welt stehenblieb.

Auf der Treppe versuche ich, an etwas anderes zu denken: An den Krimi, der auf meinem Schreibtisch liegt, seine letzten hundert Seiten, die ich heute Abend locker schaffe. Daran, dass es bald Herbst wird. Mehr fällt mir leider nicht ein, denn mein Blick rutscht ab, rutscht hinunter in die Tiefe und mir wird heiß und kalt. Ohne es zu wollen, denke ich an Irina, an den Moment, als sie nicht mehr lächelte, weil sie fiel.

Ich merke, dass ich das hier nicht machen kann. Ich habe zu viel Angst.

Zuhause sitze ich vor dem Computer und frage mich, wie lange ich schon gewartet habe. Die E-Mail schwebt bedrohlich vor mir auf dem Bildschirm. Vermutlich sollte ich mich noch diese Woche bei dem Verlag melden, und eigentlich wäre das auch ganz einfach, wäre da nicht schon wieder diese Angst.

Ich habe mich für Ausbildungsplätze bei zwei Buchverlagen beworben. Einer ist hier in der Stadt, aber für den habe ich bereits eine Absage erhalten, der andere in einer größeren Stadt, mit dem Auto drei Stunden entfernt. Ich müsste umziehen, bräuchte eine Wohnung, ein neues

Leben, wie auch immer so etwas aussieht. Das stelle ich mir fast schlimmer vor, als auf der Eisentreppe zu stehen und nach unten zu schauen.

Irina hatte vor gar nichts Angst. Vor allem nicht vor der Höhe. Deshalb wollte sie auch unbedingt auf mein Dach klettern. Seit sie entdeckt hatte, dass man von dem Fenster im Obergeschoss aus gut hinaufklettern konnte, redete sie davon.

Ich fragte bestimmt dreimal: »Warum willst du da hoch?«

Sie sagte: »Weiß ich auch nicht. Es ist ein Abenteuer.«

Ihr Lächeln war ein loderndes Feuer. Sie öffnete das Fenster und setzte sich auf die Fensterbank. »Es ist gar nicht so hoch!«, rief sie und drehte sich zu mir um. Ihr Lächeln fragte mich, ob ich ganz sicher nicht mitkommen wollte und ich schüttelte den Kopf.

Als Irina wenig später oben auf dem Dachfirst saß, die Beine baumeln ließ und ich unten zurückgeblieben war, hatte ich vor allem Möglichen Angst: Dass sie das Gleichgewicht verlieren könnte, dass meine Mutter sie sah und wir Ärger bekamen, dass sie mich schrecklich langweilig fand, weil ich all das nicht konnte, was sie konnte.

»Es wäre schöner, wenn wir hier zusammen sitzen würden«, sagte Irina.

Meine Finger krallten sich zwar aus Angst ineinander, aber trotzdem nahm ich mir in dem Moment vor, dass ich es irgendwann schaffen würde. Irgendwann würden wir zusammen auf einem Dach sitzen.

Für einen kurzen Moment vergaß ich, Angst zu haben. Ich glaubte lange, dass ich deshalb Schuld war an dem, was als Nächstes passierte. Weil ich mir keine Sorgen mehr machte, rutschte Irinas Fuß ab, als sie sich auf den Rückweg machen wollte. Sie verlor den Halt und als ich sie taumeln sah, stieß ich einen Schrei aus. Irina selbst machte keinen Ton, aber dann hielt sie sich weiter unten am Dach fest, an dem Ziegelstein, der wohl schon länger locker war. Er löste sich. Ich lehnte mich aus dem Fenster und streckte die Hand aus, als könnte ich Irina retten, aber das konnte ich natürlich nicht. Ich konnte nur dabei zusehen, wie sie fiel.

Nachmittags fahre ich zur Stadtbibliothek. Hier gibt es nichts, vor dem man Angst haben muss, nur drei Stockwerke voller Bücher. Voller Gedanken und Träume und Worte. Ich atme den einzigartigen Stadtbibliotheks-Duft ein, als ich eintrete. Hier war ich früher mit Irina. Es war eine der wenigen Ideen, die von mir kamen, aber sie war meine Freundin, also kam sie mit. Wir fuhren gemeinsam mit dem Rad her, gingen drinnen aber meist jede unsere eigenen Wege. Während ich manchmal stundenlang zwischen den Regalen verlorenging, erste und letzte Seiten las und über fremde und bekannte Buchrücken strich, wanderte Irina viel ruheloser durch die Reihen. Ich sah sie dann bald nicht mehr, hörte jedoch ab und zu ihre Stimme. Sie unterhielt sich mit der älteren Bibliothekarin, spielte mit Kindern im Kinderwagen, während ihre Mütter Bücherstapel zum Einscannen auf die Theke wuchteten, und natürlich liebte sie es, im dritten Stock aus dem Fenster bei den Kochbüchern zu sehen und Leuten zuzuwinken, die sie kannte oder auch nicht kannte.

Manchmal gab ich ihr Bücher, die ich besonders liebte, weil ich nie aufhören konnte, von der Geschichte und den Charakteren zu schwärmen. Irina strich dann über den Einband und ihr Lächeln wurde nachdenklich. Sie bedankte sich und versprach mir, sie schnellstmöglich zu lesen. Anfangs fragte ich sie oft, wie weit sie schon gekommen sei und welche Stelle ihr besonders gefallen habe, aber es wurden nie die Diskussionen daraus, die ich mir wünschte. Trotzdem gab ich ihr weiterhin Bücher und sie lächelte weiterhin, und ich dachte, dass manche Menschen wohl einfach gerne lasen, ohne, dass das Buch Teil ihres Lebens wurde.

Als ich mir jetzt einen neuen Roman aussuche, wünsche ich mir, ich hätte die Möglichkeit, ihn Irina auszuleihen. Nur damit sie wusste, was in meinem Kopf vorging.

Noch mehr wünsche ich mir allerdings Antworten auf meine Fragen. Soll ich wirklich in eine andere Stadt ziehen? Kann man gegen Höhenangst denn gar nichts tun? Werde ich immer Angst haben?

Und noch mehr wünsche ich mir, sie könnte wieder mutig genug für uns beide sein.

Anstatt zu lesen, suche ich in meiner Schreibtischschublade nach Briefpapier. Ich habe seit Ewigkeiten keinen Brief mehr geschrieben, und es ist ganz verstaubt. Irina habe ich aus Spaß mal geschrieben, aber sie hat mir nie geantwortet, sondern mich immer gleich angerufen, und das war eigentlich nicht der Sinn meines Briefes.

Liebe Irina, fange ich an und fühle mich ganz merkwürdig dabei. Vielleicht sollte ich es bleiben lassen. Was habe ich schon von einem Brief, der nicht beantwortet wird? Ich lege das Papier weg, greife nach meinem neuen Buch, schlage es auf und wieder zu. Nehme den Brief wieder her. Und wenn schon, denke ich, und beginne. Ich beginne mit Erinnerungen an früher, an unser Kennenlernen und unsere Freundschaft, an ihr Lächeln und ihren Mut und an den Tag, als sie vom Dach fiel. Dann erzähle ich ihr von meinem Leben, von der Eisentreppe und der Bibliothek. Von dem Ausbildungsplatz. Von einer fremden Stadt. Ich frage sie, was ich tun soll, was sie tun würde, welche die Richtung ist, in die ich gehen soll. Dann entschuldige ich mich noch einmal wegen des Dachziegels, obwohl ich mittlerweile weiß, dass es unmöglich meine Schuld sein kann. Ich unterschreibe mit Deine Karla und wünsche mir, ich wäre das noch. Irinas Karla.

Bevor ich es mir anders überlegen kann, gehe ich zu ihrem Haus hinüber und schiebe den Umschlag unter der Tür durch.

Eigentlich weiß ich, was sie sagen würde. Sie würde sagen: Hör auf so viel zu denken und mach es einfach. Fast kann ich sie vor mir sehen, wie sie das sagt, mit blitzenden dunklen Augen und einem Lächeln, das aussieht wie eine Vorahnung. Die Vorahnung, dass ich ohnehin nicht auf sie hören und sich somit wieder nichts ändern würde.

Am nächsten Tag sitze ich wieder vor dem Computer, vor einer anderen E-Mail diesmal. Sie ist von der Sekretärin meiner Chefin in der Catering-Firma. Sie hat mir meine nächsten Einsätze gestrichen und will mit mir reden und mir ist schon klar, was das bedeutet. Wegen der Sache mit der Treppe sollte ich mir wohl einen neuen Job suchen. Entmutigt schreibe ich eine kurze Antwort zurück, und dann starre ich wieder die E-Mail von dem Buchverlag in der fremden Stadt an, und merke, wie mich ein bekanntes Gefühl beschleicht. Ein taubes, graues, immer schwerer werdendes Gefühl, das ich viel zu gut kenne. Ich kenne es von dem Tag, an dem Irina fiel, von gestern auf der Eisentreppe. Es flüstert mir ins Ohr: Du hast zu viel Angst. Du wirst es nicht schaffen. Ich stimme dem Gefühl wortlos zu, indem ich meinen Laptop zuklappe, aufstehe und mich auf mein Bett fallen lasse. Nach dem alten, trostspenden Kinderbuch auf meinem Nachttisch greife. Ich werde mich einfach verstecken, bis irgendwann alles von selbst besser wird. Einmal muss ich allerdings noch aufstehen, denn essentiell für meinen Plan, sich vor der Welt zu verstecken, sind kuschelige Wollsocken, Sommer hin oder her.

Als ich die unterste Schublade meines Schranks öffne, höre ich ein Rumpeln, das ich eigentlich immer höre, wenn ich diese Schublade öffne. Es ist der Ziegelstein. Seitdem Irina vom Dach gefallen ist, liegt er hier und nur sein Rumpeln erinnert mich manchmal an das, was passiert ist. Ich hole ihn heraus, erstaunt, wie unschuldig er aussieht. Rotbraun und schmutzig und nicht im Geringsten gefährlich.

Nachdem ich hilflos zugesehen hatte, wie Irina gestürzt war, nachdem ich meine Hand nach ihr ausgestreckt und sie dann doch geschrien hatte, war ich sofort nach unten in den Garten gerannt, zu der Stelle, wo sie zusammengekauert lag. Sie hatte eine Platzwunde, die ihre Haare verklebte und deren Anblick mir einen Stich in den Magen gab, aber es war ihr Bein, das sie umklammerte.

Ich sah sie zum ersten Mal weinen. Zum ersten und letzten Mal sah ich, dass sie Angst hatte.

»Karla«, sagte sie, sonst nichts.

Ich rannte los, um bei ihren Eltern Sturm zu klingeln und abends, als sie dann im Krankenhaus lag und auf die komplizierte Knie-Operation wartete, weinte ich stundenlang, weil ich glaubte, schuld gewesen zu sein. Nachts stand ich auf, ging hinaus, und hob den Ziegelstein auf. Er war unversehrt. Reiner Zufall, dass sie sich auf den Ziegel gestützt hatte, der locker gewesen war.

Ich brachte ihr Bücher ins Krankenhaus, aber ihre Mutter sagte, die würde sie nicht brauchen. Ich fragte Irina, warum denn nicht, und sie sagte: »Ach, vergiss es. Du kannst mir jetzt auch nicht helfen.«

Irina wurde aggressiv und launisch, weil ihr Bein nicht vollständig gerettet konnte. Es gab vorerst keine Abenteuer mehr für sie und deshalb vorerst auch kein Lächeln. Sie konnte nicht in die Schule und musste zur Krankengymnastik und irgendwann redeten wir nicht mehr miteinander.

Während ich den Stein umklammere, frage ich mich, warum es soweit kommen musste.

Dann fange ich an, mich selbst für meine Angst und meine Vorsicht zu hassen, und mit dem Stein in der Hand und ohne Wollsocken gehe ich nach unten. Ich trete aus der Haustür, gehe unsere Straße entlang, und klingle bei Irinas Eltern, fast so wie damals, obwohl ich heute nur einmal auf den Knopf drücke.

Ihre Mutter öffnet mir in Yoga-Hosen und einem überraschten Gesichtsausdruck. »Karla!«, ruft sie.

Ich weiß nicht, was ich sagen soll, warum ich hier bin. Um Irinas Lächeln zu sehen, denke ich, spreche es aber nicht aus.

»Ist sie hier?«, frage ich.

Ihre Mutter nickt und winkt mich hinein und hört nicht auf, erstaunt auszusehen.

Ich frage: »Hat sie meinen Brief bekommen?«

»Ja«, sagt Irinas Mutter.

»Aber sie will nicht antworten?«, frage ich. Der Ziegelstein in meiner Hand wird schwerer.

»Sie hat ihn nicht gelesen.«

Jetzt bekomme ich wieder Angst. Angst, dass es nicht ausreicht. Dass ich ihr überhaupt nicht mehr wichtig bin. Dass es einfach viel zu spät ist.

»Okay.« Ehrlich gesagt bin ich bereit zu gehen.

»Es ist ein langer Brief«, sagt Irinas Mutter entschuldigend, »sie hatte wahrscheinlich noch keine Zeit.«

»Ach«, winke ich ab, »ist doch egal. Wenn es sie nicht genug interessiert, um sich zwei Minuten Zeit zu nehmen, kann ich auch nichts machen.«

»Zwei Minuten!« Ihre Mutter klingt erstaunt. »Du weißt doch, dass sie mehr als zwei Minuten braucht!«

Ich erstarre. Schüttle den Kopf, denn ich habe keine Ahnung, worauf sie hinauswill.

Dann sagt sie: »Irina ist hier« und deutet auf die Wohnzimmertür.

Meine Erstarrung dauert an, Augenblicke vergehen, Ziegelstein in meiner Hand, Angst vor dem, was kommt, Angst, dass ich Irina sowieso gar nicht mehr kenne.

Dann geht die Tür auf und sie steht da, erwachsen, lange Haare, ein helles Kleid, ihr Lächeln ist gar nicht richtig da, ist eine vorsichtige Frage: Was machst du denn hier?

Ich sage: »Ich hab dir geschrieben.«

Irina antwortet: »Ich glaube, ich muss dir was sagen.«

Dann geht sie an mir vorbei, zur Treppe, hinauf in ihr Zimmer und ich folge ihr, beobachte verstohlen, wie sie stockend Stufe für Stufe nimmt. Sie hat eine Technik entwickelt, das Bein leicht zu drehen, damit sie es nicht so stark anwinkeln muss, vermutlich ist es das, was nicht mehr gut funktioniert.

Wir bleiben in der Mitte ihres Zimmers stehen. Irina geht zum Schrank und öffnet ihn und ich sehe hinein, sehe all die Bücher, die ich ihr gegeben habe, sorgfältig neben einem Stapel Pullover aufgereiht.

»Ich hab sie nicht gelesen«, sagt sie, »keins von ihnen.«

Wenn ich nicht so verwirrt wäre, würde ich mich von ihr verraten fühlen. Würde sagen: »Aber ich hab auch immer alles mitgemacht, was du machen wolltest! Was ist so schwer daran, ein Buch zu lesen?« Aber dann verstehe ich plötzlich.

Ich verstehe alles. Die Nachmittage in der Bücherei und meine Briefe, warum sie mich mit den Büchern wegschickte.

»Ich konnte nicht.« Irina sieht aus dem Fenster anstatt zu mir. »Kann es immer noch nicht. Drei Zeilen gehen und dann hören die Sätze auf, Sinn zu machen und meine Augen wandern überall hin, nur nicht auf die Buchstaben.« Sie verschränkt die Arme.

»Das wusste ich nicht«, sage ich, »es tut mir Leid.«

»Ich wollte ja auch nicht, dass du es weißt.« Jetzt lacht sie; es ist ein hohles, klangloses Lachen.

»Warum?«, frage ich.

»Weil Bücher dein Leben sind«, sagt Irina, »Ich dachte, du würdest nicht mehr meine Freundin sein wollen, wenn du wüsstest, dass ich nicht mal wirklich lesen kann.«

Ich will wütend auf sie sein, aber das kann ich nicht. Ich will die Zeit zurückdrehen, damit sie nicht vom Dach fällt, aber das kann wohl niemand. Wir schweigen und das Schweigen wird viel schwerer als der Ziegelstein, sogar schwerer als der Bücherstapel in Irinas Schrank. Es ist vermutlich wirklich zu spät.

Gerade, als ich fürchte, dass keine von uns jemals wieder sprechen wird, räuspert sie sich und sagt leise: »Wenn du willst, koche ich uns Tee.« Sie macht einen vorsichtigen Schritt auf mich zu. »Und du kannst mir sagen, was in dem Brief steht.«

»Und du kannst mir erzählen, wie es dir geht.« Ich nicke.

Wir sehen uns an. Eine sehr lange Sekunde verstreicht und dann lächelt Irina.

Abends kann ich nicht einschlafen, weil ich daran denke, dass sie wegen ihres Beins nicht zur Polizei gehen kann und wegen ihrer Legasthenie nicht studieren, und dass es für

Irina überhaupt keine Frage wäre, die Stadt für einen Ausbildungsplatz zu verlassen.

Ich lese eine Weile im gelblichen Schein meiner Taschenlampe. Die Buchstaben laufen mir zwar nicht weg, aber mit den Gedanken bin ich trotzdem ständig woanders.

Deshalb stehe ich bald darauf auf.

Es ist kurz nach zwei Uhr nachts. Als ich das Fenster öffne, ist meine Straße so still, als wäre sie Teil eines Films, bei dem der Ton abgestellt wurde.

Ich denke daran, wie sich Irina im Krankenhaus die Hörbücher zu all meinen Lieblingsbüchern besorgt und sie eins nach dem anderen angehört hat.

Neben dem Fenster schimmert die Regenrinne silbrig in der Dunkelheit. Als Irina an ihr nach oben kletterte, sah es ganz einfach aus. Mein Herz rast bereits, als ich über das kühle Metall streiche. Die Luft riecht nach Sommer. Mein Blick wandert nach unten, immer weiter, hinab in den dunklen Garten, auf die Straße, und ich rühre mich nicht, bis sich mein Herz langsam beruhigt.

Dann sehe ich hinüber zum Nachbarhaus.

In einem Zimmer brennt Licht und jemand steht am Fenster. Nicht Jemand, sondern Irina. Vorsichtig stelle ich einen Fuß auf dem Fensterbrett ab. Beide Hände. Den zweiten Fuß. Ich halte die Luft an, setze mich hin, drehe mich in Richtung Nachbarhaus. Irinas Silhouette vor dem gelb beleuchteten Zimmer bewegt sich. Ich sehe aus der Entfernung nicht, ob sie lächelt, kann aber ganz deutlich erkennen, dass sie die Hand hebt und mir winkt. Ich winke zurück.

Ich denke daran, dass auch sie Angst hat, und an die fremde Stadt, und an mein stummes Versprechen von damals. Vorsichtig rutsche ich auf dem Fensterbrett immer näher in Richtung Kante und drehe mich dann so, dass meine Füße nach unten baumeln. Ich hole tief Luft. Einmal, zweimal. Beim dritten Mal fühlt es sich ganz normal an. Dann schleicht sich ein Lächeln auf meine Lippen.

Madlen Kristina Müller
Das Paket

Der Tag begann wie jeder andere. Der Buchhändler und seine Frau standen in ihrem Laden und erledigten ihre Arbeit. Die neu gelieferten Bücher waren schon ausgepackt und hatten ihren Platz auf den Tischen und in den Regalen gefunden. Nun durften die ersten Kunden kommen. Da ging auch schon mit einem glockenhellen Bimmeln die Ladentür auf und eine alte Frau in einer weiten dunklen Strickjacke und einem wadenlangen Rock kam herein. Über ihre grauen Haare hatte sie ein schwarzes Kopftuch geschlungen, das auch einen Teil ihres verhutzelten Gesichts verbarg. An ihrem Gehstock konnte man erkennen, dass sie nicht mehr gut zu Fuß war, doch mehr verriet ihr Äußeres nicht. Der Buchhändler begrüßte sie freundlich und fragte, wie er ihr behilflich sein könnte. Mit ihrem Stock schob sie ihn forsch zur Seite und ohne die Büchertische auch nur eines Blickes zu würdigen, deutete sie an, dass sie gleich zur Kasse wollte. Dort stellte sie ihre Tasche auf dem Tresen ab und holte behutsam ein in violett geblümten Stoff eingeschlagenes Paket heraus. Bedeutungsschwanger legte sie eine knochige, von harter Arbeit gezeichnete Hand auf das Paket.

Ernst richtete sie ihren Blick auf die beiden, die sie erwartungsvoll beobachten, und sagte mit einer rauen, kehligen Stimme: »Dies ist für sie. Erst wenn die Dunkelheit den Laden einhüllt und außer ihnen niemand mehr hier ist, dürfen sie das Paket öffnen!«

Mit diesen Worten zog sie ihr Kopftuch noch etwas tiefer in die Stirn, drehte sich um und verließ den Laden genauso zielstrebig, wie sie gekommen war. Der Buchhändler und seine Frau blickten sich mit hochgezogenen Augenbrauen amüsiert an.

»Wer war das denn?«, fragte die Frau, denn ihr Mann konnte sich sogar die Gesichter und Namen der Kunden merken, die nur einmal im Jahr bei ihnen vorbeischauten.

»Ich weiß es auch nicht«, antwortete er und fügte grinsend hinzu: »Einen Sinn für Dramatik hat sie jedenfalls!«

»Dramatik! Du weißt schon, was uns die Alte hier gebracht hat, oder?«, entgegnete seine Frau spöttisch witzelnd. »Die will nur ihre alten Bücher bei uns abladen. Zum Wegwerfen sind sie natürlich zu schade und nun sollen wir sie nehmen!«

»Vielleicht sind es ja Raritäten oder irgendwelche wertvollen Erstausgaben?«, überlegte der Buchhändler und blickte hoffnungsvoll auf das Paket.

Seine Frau lachte kurz auf: »Träum du nur, heute Abend wirst du sehen, dass ich recht habe. Das sind sicher nur alte Groschenheftchen!«

Der Buchhändler nahm das Paket, um es zur Seite zu legen, und wog es verblüfft in den Händen: »Für Groschenheftchen ist es eindeutig zu schwer.«

Den restlichen Tag dachten sie nicht mehr an die alte Frau und ihr Paket, denn insgeheim waren beide überzeugt, dass es tatsächlich irgendwelche zerlesenen, romantisch angehauchten Bücher enthielt. Auch nahmen die Kunden sie völlig in Beschlag. Sie empfahlen ein Buch nach dem anderen, recherchierten ungewöhnliche Titel, nahmen Telefonanrufe und Bestellungen entgegen und plauderten mit dem einen oder anderen über einen bevorstehenden Urlaub oder die neue Baustelle und das dadurch entstandene Verkehrschaos.

Schließlich brach die Dämmerung an und es wurde Zeit, den Laden zu schließen. Während der Buchhändler das eingenommene Geld zählte und in den Tresor sperrte, räumte seine Frau noch einmal auf, schob Bücher wieder an ihren Platz im Regal zurück und rückte die Stapel auf den Tischen zurecht. Schließlich standen beide wieder am Kassentresen und grinsend legte er das schwere Paket hin.

»Jetzt mach schon deine Raritäten auf!«, feixte seine Frau und schob es näher zu ihm.

Vorsichtig löste der Buchhändler den geblümten Stoff. Hervor kam ein in Zeitungspapier eingeschlagener Quader.

»Na, die macht es ja spannend!«, sagte der Buchhändler und hob ihn hoch, um das Papier zu lösen. Heraus kam ein Ziegelstein. Erstaunt blickte das Paar sich an.

Die Frau fing sich als erste und fragte verblüfft: »Was sollen wir denn mit einem Ziegelstein?«

»Vielleicht soll das der erste Stein für unser Haus sein?«, entgegnete ihr Mann und musste bei dem Gedanken grinsen, dass nun jeder Kunde einen Stein brachte, bis sie genug für ihr Häuschen beisammen hatten.

»Unsinn, woher soll die Alte denn davon wissen?« Mit diesen Worten wollte seine Frau sich gerade abwenden, da fiel ihr Blick nach unten: »Sieh mal, dieses Stück Papier – das muss auch in dem Paket gewesen sein, das lag vorhin noch nicht auf dem Boden!« Sie bückte sich, hob den Zettel von den dunkel gemaserten Holzdielen auf und beäugte ihn neugierig: »Das ist wohl für dich. Scheint ja doch eine Stammkundin zu sein, wenn sie weiß, dass du spanisch sprichst!«

Der Buchhändler nahm den Zettel entgegen und las. »Hm, keine Ahnung, was sie uns damit sagen will.«

Seine Frau hatte den Stein bereits hochgenommen, um ihn wegzuräumen, stockte nun aber und fragte: »Wieso, was steht denn da?«

Ihr Mann reckte die Hand wie ein Opernsänger hoch und las mit theatralisch tiefer, sonorer Stimme vor: »Despierta luz roja e insufla vida.«

Er wollte es seiner Frau gerade übersetzen, da stieß diese einen leisen Schrei aus und legte den Stein wieder auf den Kassentresen. Dieser hatte angefangen zu leuchten, in einem dunklen Rot, das leicht zu pulsieren schien. Im nächsten Moment flackerte das Licht mehrmals und schien zu überlegen, ob es sich pflichtbewusst nochmal gegen die Dunkelheit aufbäumen sollte oder nicht. Nach einigen Sekunden erlosch es ganz. Nur der orangefarbene Schein der Straßenlaternen suchte sich seinen Weg durch das große Schaufenster und tauchte die Buchhandlung in trübes Zwielicht.

Die Frau des Buchhändlers lachte auf: »Das ist ja nun wirklich der beste Zeitpunkt für die Glühbirne, um ihren Geist aufzugeben!«

Ihr Mann jedoch blickte sie an, als glaubte er nicht an eine kaputte Glühbirne, und schon einen Atemzug später ertönte ein leises Murmeln, und ein Windstoß fegte durch die Buchhandlung. Einige Bücher fielen laut klatschend zu Boden und der Buchhändler lief hin, um sie wieder aufzuheben. Noch bevor er das erste Buch nehmen konnte, blätterte es wie von Geisterhand auf und das Murmeln wurde ein bisschen lauter. Erschrocken hielt er inne. Gebannt blickten der Buchhändler und seine Frau nun auf das Buch und sahen, wie sich auf der aufgeschlagenen Seite aus den Buchstaben ein dünnes schwarzes Bein materialisierte. Das Bein wurde noch ein Stückchen länger, ging in einen dicken rundlichen Körper über, weitere Beine wuchsen heraus und schließlich zog ein schwarzbläulich schimmernder Käfer mit einem Ruck seinen Kopf aus dem Buch, als hätte er sich nur mal eben kurz darin vertieft. Eilig krabbelte der Käfer unter den nächsten Tisch und verschwand aus ihrem Blickfeld. Noch bevor einer der beiden, die wie angewurzelt da standen, etwas sagen konnte, fegte ein noch stärkerer Windstoß einige Bücher von den Tischen. Wie schon das erste herausgefallene Buch, blätterte nun ein weiteres von alleine auf und aus den Buchstaben erwuchs eine grüne, ledrige Kralle, die in einen schuppigen Körper endete. Die Eidechse kroch flink an der Wand entlang nach oben und blieb in einer von der Straßenlaterne erhellten Ecke reglos sitzen. Nur ihre schwarzen Knopfaugen flitzten unruhig durch den Raum.

Nun blätterten gleich mehrere der herausgefallenen Bücher auf. Aus einem besonders dicken Schmöker schlurfte ein uralter Mann mit verfilztem Schlapphut, aus einem anderen Buch hüpfte ein fröhliches Kind in einem geringelten Pullover, eine Ente watschelte in den Laden, eine Tänzerin wirbelte in einem wallenden Rock in den Raum, ein Schmetterling breitete seine Flügel aus und schneller als das Paar schauen konnte, schwang sich ein farbenprächtiger Vogel in die Luft. Nach wenigen Minuten war der Laden bevölkert von allerlei Wesen, die mehr oder weniger neugierig die Buchhandlung erkundeten. Den Buchhändler und seine Frau schienen sie nicht zu sehen. Und diese wagten sich nicht zu rühren und sahen mit großen Augen dem bunten Treiben vor ihnen zu. Am meisten gefangen nahm sie der Anblick eines mächtigen smaragdgrünen Drachens (von dem sie nie gedacht hätten, dass er in ihrer Buchhandlung Platz fand), der seinen durchdringenden Blick über alle anderen Wesen schweifen ließ. Als seine gespaltene Zunge hervorschnellte, schnaubte er und seinen Nüstern entwichen kleine purpurne Wölkchen und das Paar wich vorsichtshalber einen Schritt zurück. Plötzlich schepperte es hinter ihnen und beide fuhren erschrocken herum: Der schwarze Käfer, der als erster ein Buch verlassen hatte, hatte nun die Etagere mit dem Gebäck erreicht, das die beiden für die Kunden bereit hielten, die ein wenig länger in einem Buch schmökern wollten. Viel mehr als ein paar große Brösel waren von diesem Tag nicht übrig geblieben, aber dem Käfer schien es zu genügen. Mit seinen Kieferzangen bugsierte er die Brösel in sein Maul. Plötzlich setzte sich auch die Kaffeemaschine blubbernd in Gang, und verwundert blickte das Paar dorthin. Der uralte Mann mit dem Schlapphut braute sich völlig ungeniert eine Tasse Kaffee und hatte sich sogar schon Zucker und Kaffeesahne bereitgestellt.

»Aber wenigstens mal fragen könnten sie schon! Wir hätten ihnen gerne einen Kaffee gekocht!«, durchbrach die Stimme der Frau das anhaltende Gemurmel und die leisen Geräusche der anwesenden Geschöpfe.

Die Figuren erstarrten in ihrer Bewegung und Dutzende Blicke wandten sich ihnen zu. Dem uralten Mann entglitt die Tasse und zerschellte klirrend auf dem Boden. Im nächsten Moment kam wieder ein Wind auf und alle Wesen, die sich in der Buchhandlung tummelten, wurden in die Luft gewirbelt und zu ihrem Buch zurückgetragen, das sie schneller wieder einsog, als sie heraus gekommen waren. Die Bücher klappten stakkatoartig fast gleichzeitig zu und flogen zurück an ihre Plätze in den Regalen und auf den Tischen. Ein Buch lag noch etwas schief und mit einem letzten entschiedenen Ruck fügte es sich in die Ordnung des Tisches wieder ein.

Einen Augenblick später herrschte wieder die gewohnte Feierabendstille in der kleinen Buchhandlung und das Paar blickte sich lange an. Noch völlig von dem Geschehen verzaubert, erzählten sie einander, was sie beobachtet hatten und welches Geschöpf sie am meisten fasziniert hatte. Einige Minuten lang diskutierten sie noch darüber, was die Wesen vertrieben haben mochte (sie waren sich jedoch einig, dass die Frau nichts hätte sagen dürfen), was das für ein merkwürdiger Stein war, der Figuren aus Büchern Leben einhauchte und natürlich wer die alte Frau war. Ohne zufriedenstellende Antworten zu finden, wickelten sie den Stein wieder in das Zeitungspapier und anschließend in den Stoff und legten ihn hinter der Kasse in eine Schublade. Stillschweigend waren sie sich einig, dass keiner außer ihnen den Stein zu Gesicht bekommen sollte. Während sie überlegten, ob sie das Ganze tags darauf noch einmal ausprobieren sollten, zerfiel der Stein unbemerkt zu feinstem Staub, der sich am nächsten Abend in alle Himmelsrichtungen verteilen sollte.

Stephanie Stummer
Forrest-Gump-Komplex

Der Autor, den ich bis heute Nachmittag nicht gekannt habe, und dessen Namen ich mir ohnehin nicht merken werde, klappt das Buch zu, schiebt die Brille gerade so die Stirn hoch, dass man das dringende Bedürfnis verspürt, sie ihm zurechtzurücken, damit sie nicht bei der erstbesten Bewegung wieder herunterrutscht, und lässt einen betont neugierigen Blick über sein Publikum gleiten. Recht lange braucht er dafür nicht, vielleicht eine Handvoll Leute haben sich heute in der hiesigen Buchhandlung eingefunden, um sich seinen Vortrag anzuhören. In seinem aktuellen Werk geht es um Buchliebhaber und die Bücher, die sie beeinflusst haben – oder so ähnlich; ich bin nur hier, weil ich in diesem Kaff zu Besuch bin, man in diesem Kaff sonst nicht viel anstellen kann und weil Mona, meine Freundin, die in diesem Laden hier hin und wieder aushilft, mich gebeten hat mitzukommen.

Als der Autor nun also seinen Blick so salopp schweifen lässt, rutsche ich automatisch ein Stück tiefer in meinen Sessel – ein Reflex, den ich wohl auch einige Jahre nach der traumatisierenden Schulzeit noch nicht unter Kontrolle habe. Die Auswahl an Diskussionspartnern ist ja eher begrenzt, die Lust auf die »anschließende angeregte Diskussion mit dem Autor« steht ihm aber ins Gesicht geschrieben – von der schief über seinem Gesicht thronenden Lesebrille bis zum krampfhaft jugendlichen Ziegenbärtchen.

Er setzt ein Lächeln auf: »Während meiner Lesung haben Sie von den Büchern und Charakteren erfahren, die mich geprägt haben und mit denen ich mich aus ganz persönlichen Gründen identifiziere, in denen ich mich selbst finde, wenn man so will. Nun möchte ich Sie dazu einladen, Ihre

Helden, Ihre Inspirationen, Ihre literarischen Erweckungs-
erlebnisse zu teilen!«

Beinahe gönnerhaft breitet er die Arme aus, während ich
– wieder ganz die Schülerin – krampfhaft auf meine Schuh-
spitzen starre und mir vor lauter Ich-will-ja-nicht-zum-
Sprechen-aufgefordert-werden als Identifikationsfigur nur
»Anne auf Green Gables« einfällt – eine Wahl, die Herr
Autor mit seiner schiefen Brille und dem Hipsterbart nach
dem, was er von sich erzählt hat, wohl nur milde belächeln
würde. Und dann hebt sich aus der hintersten Ecke der
Buchhandlung eine Stimme und sagt genau das – also, nicht
Green-Gables-Anne, aber ebenfalls etwas aus der Rubrik
»Würde-ich-niemals-in-der-Öffentlichkeit-zugeben«. Völlig
arglos ruft er – ohne überhaupt erst dazu genötigt zu wer-
den – nach vorne: »Obelix! Aus Asterix und Obelix!«

Herr Autor lächelt wie erwartet milde, während der Rest
von uns in Gelächter ausbricht, von dem sich der Zwischen-
rufer aber nicht aus der Ruhe bringen lässt. Er muss daran
gewöhnt sein – an der Art, wie die anderen den linkisch
dastehenden jungen Mann mit der längst aus der Mode
gekommenen Kleidung ansehen, gehe ich definitiv davon
aus, dass er daran gewöhnt ist. Er lächelt zwar etwas
schüchtern, scheint sich aber nicht unwohl dabei zu fühlen,
dass alle Blicke – und all das Gelächter – auf ihn gerichtet
sind, es muss eine vertraute Situation sein.

»Nun«, sagt der Autor mit seinem milden Lächeln, »da ich
keine optische Übereinstimmung mit diesem durchaus
kultigen Comic-Charakter erkennen kann, frage ich Sie,
junger Mann: Aus welchem Grund? Inwiefern hat dieser
Obelix sie geprägt?«

Ich verdrehe die Augen in Richtung Mona; dass er jetzt
so schwülstig mit ihm redet, findet ich daneben. Auch
wenn ich mir – leider! natürlich! – wie alle anderen ein

Kichern nicht verkneifen kann; eine Verbindung welcher Art auch immer zwischen dem dicken Obelix und diesem linkischen Burschen kann man sich absolut nicht vorstellen.

»Naja, Obelix ist doch als Kind in den Topf mit dem Zaubertrank gefallen und seitdem war er etwas ganz Besonderes«, fängt er vertrauensselig an zu erzählen, als ihn ein proletenhaft aussehender Typ, von dem ich mich von Anfang an gefragt habe, was er hier will, unterbricht. Jetzt weiß ich es: Er will Ärger machen.

»Und dir ist als Kind ein Ziegelstein auf den Kopf gefallen und seitdem warst du etwas ganz Besonderes?«, fragt er und grinst hämisch. »Hat dir das deine Mama immer erzählt, wenn du wieder nicht in die nächste Klasse aufsteigen durftest?«

Ich bin die einzige hier, die nicht aus diesem Kaff stammt, dementsprechend bin ich auch offensichtlich die einzige, die von der Ziegelstein-Geschichte überrascht ist. Ich drehe mich zu Mona, die das Ganze mit einem amüsierten Gesichtsausdruck beobachtet.

»Ein Ziegelstein?«, flüstere ich.

»Ja, deswegen ist Fabian ja auch nicht unbedingt der hellste Kopf«, erwidert sie. »Matthias da drüben hat ihn deshalb schon von klein auf immer gehänselt. Dabei war er bei dem Unfall anscheinend sogar dabei.«

Ich werfe dem Proleten einen finsteren Blick zu, die fiese Wortspende hätte er sich sparen können.

Mein Herz geht über vor Mitleid, als dieser Fabian, die Hände in den ausgebeulten Hosentaschen vergraben, schließlich fortfährt:»Ja... so ähnlich ... also immer, wenn es mir nicht gut gegangen ist, haben wir gemeinsam die Comics gelesen.«

»Immer, wenn Matthias ihm zugesetzt hat, meint er wohl«, schnaubt Mona leise. Er tut mir so leid, wie er trotz all der Häme und Belustigung dort drüben steht und treuherzig seine Geschichte erzählt – ich meine: Ein Ziegelstein? Ein Wunder, dass er überhaupt noch selbst denken kann. Nur langsamer zu denken kommt einem da regelrecht wie ein Segen vor.

Die Atmosphäre im Raum hat sich verändert, ein paar blicken peinlich berührt drein, die meisten wirken amüsiert – auch das hier dürfte ein Schauspiel sein, dass für niemanden etwas Neues ist. Herr-mildes-Lächeln selbst hat das Ganze ebenfalls mit Interesse verfolgt und bevor er zu einem weiteren bescheuerten Satz ansetzen kann, der den armen Tollpatsch bloßstellt, rufe ich aufgeregt dazwischen:

»Meine Heldin ist Anne! Von ›Anne auf Green Gables‹!«

Jetzt habe ich natürlich genau das erreicht, wovor ich mich vorhin in den Untiefen meines Sessels verstecken wollte: Alle Blicke sind auf mich gerichtet, ebenso das des mir immer unheimlicher werdenden Autoren. Ich werde ein bisschen rot, sehe aber noch in den Augenwinkeln, bevor ich mich meinem Schicksal ergebe, dass mir Fabian einen dankbaren Blick zuwirft.

»Ebenfalls eine interessante, einer Interpretation würdige Wahl«, lächelt der Autor von oben herab. »Darf ich mir die Frage erlauben: Sind Sie Waisenkind?«

Ein Kreuzverhör und ein paar lahme Lebensgeschichten später stehen Mona und ich an dem bescheidenen Buffet und machen uns über die belegten Brötchen her. Eigentlich würde ich mich lieber aus dem Staub machen, das ganze Hickhack hat mich aber nicht nur müde, sondern auch hungrig gemacht – abgesehen davon hat der Ziegelstein-Junge mit seiner Naivität irgendwie meine Neugier geweckt. Die Hände noch immer in den Hosentaschen versteckt, kommt er, kaum dass wir das erste Brötchen vertilgt haben, auf uns zu. Er schaut uns leicht schief an.

»Du bist nicht von hier?«, fragt er. »Welches Brötchen hast du gegessen? Wie heißt du?«

Mona verschluckt sich fast an ihrem zweiten Brötchen und unterdrückt ein Kichern. Ich bemühe mich, ernst zu bleiben und der Reihe nach zu antworten: »Nein, ich bin nur zu Besuch bei Mona. Ich bin eine Studienfreundin. Ich hatte ein Lachsbrötchen. Und ich bin Marlene. Freut mich.« Ich strecke ihm meine Hand entgegen, die er eifrig ergreift.

»Ich bin Fabian. Mir ist als Kind ein Ziegelstein auf den Kopf gefallen, deshalb bin ich ein bisschen langsam«, sagt er. Und ergänzt: »Ich vertrage leider keinen Lachs, ich nehme ein Käsebrötchen.«

Ich trete Mona gegen das Schienbein, als sie zu glucksen beginnt, und versuche erneut, mit der Unterhaltung Schritt zu halten: »Das ist schade … also, das mit dem Lachs. Das mit dem Ziegelstein, das tut mir leid, das klingt echt wild, wie ist das passiert?«

Fabian wackelt im Stehen auf seinen Zehen hin und her und erklärt zwischen zwei Bissen: »Ich weiß es nicht mehr ganz genau, meine Mama sagt, es war beim Spielen auf einer Baustelle. Es war ein Unfall.« Er sieht uns mit treuerzigen Augen an. »Meine Mama meint, es hat auch seine guten Seiten. Wenn nie etwas aus mir wird, kann mir nie etwas zustoßen.«

Mona und ich verziehen gleichzeitig mitleidig das Gesicht – ich stelle mir den armen Tölpel vor, wie er noch immer wie ein kleiner Junge bei seiner Mama zu Hause wohnt und Asterix-, Verzeihung, natürlich Obelix-Comics liest. Genauso wird die Realität vermutlich auch aussehen.

Eine Woge der Zuneigung und eine seltsame Vertraut-
heit, die ich mir nicht so ganz erklären kann, erfassen mich,
als er mit Begeisterung zum nächsten Brötchen greift. Als
ob er uns trösten wolle, setzt er nach: »Ich habe den Ziegelstein sogar noch. Ich versuche, ihn als Glücksbringer zu
sehen. Nicht als etwas, das mein Leben kaputt gemacht hat.
Soll ich dir ihn mal zeigen?«

Das ist so ziemlich das Schrägste, das ich je gehört habe –
das Ding, das dir beinahe den Schädel eingeschlagen und
dich um den einen oder anderen IQ-Punkt gebracht hat,
auch noch in Ehren zu halten?

Vielleicht ist es eine seltsame Form von Sich-nicht-unter-
kriegen-Lassen, die er wohl auch bitter nötig hat – denn
Intelligenz hin oder her, das höhnische Gesicht von einem
Proleten wie beispielsweise Matthias, der jetzt hinter den
Regalen hervortritt, kann vermutlich jeder richtig inter-
pretieren. »Oh, Fabian«, er bewegt neckisch die Hüften, »du
willst dem Mädchen deinen Ziegelstein zeigen? Wie
unanständig von dir!«

Die nächsten Augenblicke sind ein einziges Durcheinander – Mona und ich kreischen wie aufgeregte Schul-
mädchen, in Fabians Kopf dürfte irgendeine Schraube
nicht nur locker, sondern rausgesprungen sein, Matthias
findet sich nach seinem Obszön-Posieren plötzlich mitten
in einem Windelweich-geschlagen-Werden, die belegten
Brötchen fliegen durch die Luft, sowohl die Lachs- als auch
die verträglicheren Käsebrötchen, die wenigen noch ver-
bliebenen Gäste der Lesung schnalzen empört mit der
Zunge.

Als die beiden Raufbolde voneinander ablassen, besser
gesagt, Fabian von Matthias ablässt – sein Antrieb mag die
Wut gewesen sein, Muskelkraft ist es definitiv nicht – zer-
ren wir Fabian Richtung Ausgang, über die lädierten

Käsebrote und ein paar signierte Ausgaben des heute besprochenen Buches stolpernd. Ich drehe mich nochmal um und fauche: »Du kannst froh sein, dass er den Ziegelstein nicht mithatte, du Trottel!«

Der Autor, dessen Name mir in dieser Situation natürlich erst recht nicht einfällt, lehnt nicht mit mildem Lächeln, sondern mit breitem Grinsen, was im Übrigen noch viel grusliger ist, am Türrahmen. »Meine kleine Miss«, sagt er gönnerhaft, »Sie hätten wohl nicht Anne, sondern eine gewisse Jenny« – er zieht dabei verdächtig die letzte Silbe in die Länge – »als Vorbild und Inspiration nennen sollen. Auch sie war ursprünglich eine literarische Figur, was aber nur die wenigsten wissen.«

Ich sehe ihn fragend und genervt an.

»Und zu diesem kleinen Phänomen, das wir hier beobachtet haben, habe ich ebenfalls ein nettes Kapitel geschrieben.« Er hebt eines der Bücher, die uns im Kampf um die Ohren geflogen sind, auf und streckt es mir entgegen. »Der Forrest-Gump-Komplex, Seite 186«, sagt er hilfsbereit. Reichlich verwirrt drehe ich mich zu Fabian. Dieser sagt, während er die zermatschten Käsebrötchen auf dem Boden ausgiebig begutachtet: »Meine Mama sagt, das ist ein Film voller Weisheiten über das Leben.«

Ann-Bettina Schmitz
Ziegelstein oder nicht Ziegelstein?, das ist hier die Frage

Die Buchhändlerin Dorothea Schulten befand sich im hinteren Teil der Buchhandlung, in deren Regalen die antiquarischen Bücher standen. Das war »ihre« Abteilung, hier wusste sie genau, was wo stand. Vor allem die alten Bücher hatten es ihr angetan. Sie liebte diese solide hergestellten Exemplare, zum Teil mit Ledereinband und Goldschnitt. Ihre Kollegen teilten ihre Begeisterung nicht. Um so besser! Hier fühlte sie sich ungestört und zu Hause. Sie räumte einige Neuzugänge ein. Nun brauchte sie den kleinen Tritt, um an die oberen Reihen der Regale heranzukommen. Sie wollte ihn aus der Ecke holen, in der er normalerweise stand. Aber da war er nicht. Stattdessen lag dort ein Ziegelstein. Etwas verwirrt betrachtete Dorothea den Stein.

»Huch, was macht denn der Ziegelstein da? Wer hat den dorthin gelegt? Er passt ja gut zum Namen des Ladens, aber hier in der Ecke macht er doch nicht viel Sinn. Wollte der Chef damit vielleicht eine neue Dekoration gestalten?«

In dem Moment sah sie den gesuchten Tritt ein Stück weiter vor einem Regal stehen. Vielleicht hatte ein Kunde ihn benötigt und nicht wieder zurückgestellt. Das kam öfter vor. Sie holte ihn sich und setzte ihre Arbeit fort. Ihren Chef würde sie später nach dem Ziegelstein fragen. Aber an diesem Tag kam sie nicht mehr dazu, weil der Chef bis zu ihrem Feierabend außer Haus war. Am nächsten Tag gab es ungewöhnlich viel zu tun und die studentische Aushilfe hatte sich natürlich ausgerechnet dann krankgemeldet. Dorothea dachte nicht mehr an den Ziegelstein. Am Donnerstag war es wieder ruhiger, die Aushilfe war auch wieder da und Dorothea hatte etwas Luft zum Nachdenken. Da fiel ihr der Ziegelstein wieder ein. Lächelnd ging sie auf ihren Chef zu und fragte: »Wann gibt es denn die neue Dekoration?«

»Welche neue Dekoration meinen Sie?«, fragte der Chef erstaunt. »Wir haben doch erst neulich umdekoriert.«

»Ähm, ich dachte nur, weil da doch der Ziegelstein liegt«, stotterte Dorothea.

»Wo liegt ein Ziegelstein, Frau Schulten?«

»Dort hinten bei den antiquarischen Büchern.«

Der Chef runzelte die Stirn. »Ich weiß nichts von einem Ziegelstein. Wo soll der den liegen? Zeigen Sie ihn mir doch bitte mal.«

Dorothea ging vor in den hinteren, durch quer stehende Regale nicht einsehbaren, Teil der Buchhandlung. Zielstrebig ging sie zu der Ecke, in der sie letztens den Stein gesehen hatte. Nur heute lag dort kein Ziegelstein. Der Chef war hinter ihr hergekommen.

»Wo ist denn nun der Stein?«, wollte er wissen.

Dorothea sah sich hektisch um. Nirgendwo war ein Ziegelstein zu entdecken. Ihr Gesicht lief tiefrot an. »Da, in der Ecke hat er gelegen. Am Montag habe ich ihn dort gesehen«, sagte sie verzweifelt. Ihr Chef schaute sie besorgt an.

»Anscheinend ist dieser ominöse Ziegelstein sonst niemandem aufgefallen. Ich wüsste auch nicht, wie er hier hinkommen sollte. Kann es sein, dass Sie einfach etwas überarbeitet sind?«

Dorothea wand sich vor Verlegenheit. Dass ausgerechnet ihr so etwas passieren musste! Aber was sollte sie noch groß sagen. Hier lag ganz offensichtlich weit und breit kein Ziegelstein.

»Frau Schulten, wie wäre es mit einem schönen Kurz-urlaub? Nehmen Sie sich doch einfach die nächste Woche frei. Nutzen Sie das gute Wetter, gehen Sie spazieren und kommen Sie auf andere Gedanken.«

Mit hängenden Schultern und krebsrotem Gesicht folgte Dorothea ihrem Chef nach vorne in den Laden.

Nach der Woche Zwangsurlaub schlich Dorothea zurück in die Buchhandlung. Es war ihr alles so unsagbar peinlich, aber die Kollegen waren nett zu ihr und keiner erwähnte den Vorfall mehr. Nach und nach erholte sich Dorothea wieder. Nur zu den antiquarischen Büchern mochte sie nicht mehr gehen. Kurz vor dem Wochenende hatte der Chef auf einer Auktion einen Schwung antiquarischer Bücher erstanden und es war Dorotheas Aufgabe diese in die Regale einzuräumen. Als sie mit einem Stapel Bücher auf dem Arm nach hinten kam und sich nach dem Tritt umsah, wären ihr die Bücher vor Schreck fast auf den Boden gefallen. In der Ecke lag der Ziegelstein.

»Ganz ruhig, jetzt nur nicht aufregen«, dachte sie. »Gehe ich jetzt nach vorne und hole jemanden, der sich den Stein ansieht? Und wenn er dann wieder nicht mehr da ist? Werde ich jetzt langsam wirklich verrückt?«

Sie fing an zu zittern. Vorsichtig legte sie den Bücherstapel auf einem Tisch ab und holte tief Luft. Vorsichtig trat sie an den Ziegelstein heran und berührte ihn vorsichtig. Ihre Hand traf auf soliden Stein. Da war überhaupt nichts Gespenstisches, einfach nur ein Ziegel-stein.

»Nun ja, zumindest kann ich ihn fühlen«, dachte Doro-thea. »Aber wie sieht das mit anderen Leuten aus?«

Unsicher sah sie sich um. Aber sie war allein in diesem Teil der Buchhandlung. Die meisten Kunden blieben vorne bei den neuen Büchern.

»Es kann mir doch vollkommen egal sein, ob dort ein Ziegelstein liegt oder nicht. Ich mache jetzt einfach meine Arbeit fertig«, beschloss sie.

In Rekordzeit räumte Dorothea die Bücher ein. Im Gegensatz zu sonst schaute sie nicht in ein einziges der Bücher hinein. Sie wollte nur weg, wieder nach vorne in den Laden, unter Menschen. Als sie wieder in den vorderen Bereich der Buchhandlung kam, sah die Aushilfe sie besorgt an.

»Ist alles in Ordnung Frau Schulten. Sie sehen so blass aus?«

»Oh ja, danke. Ich habe nur in der letzten Nacht schlecht geschlafen.«

Am Samstag ging Dorothea wie zufällig in den hinteren Teil der Buchhandlung. Der Ziegelstein lag auf seinem Platz. Dasselbe am Montag. Am Dienstag war er weg. Er blieb auch für den Rest der Woche verschwunden. Erst am nächsten Montag tauchte er wieder auf und lag auch am Dienstag noch dort. Am späten Nachmittag kam die Putzfrau in die Buchhandlung. Sie hatte einen Schlüssel und putzte den Laden abends nach Geschäftsschluss. Sie baute sich vor dem Chef auf und fragte mit echter Empörung in der Stimme: »Können Sie diese Ziegelsteine nicht wo anders lagern? Haben Sie überhaupt eine Ahnung, wie schwierig es ist, den Ziegelstaub aus dem Teppichboden zu bekommen? Beim ersten Mal habe ich ja nichts gesagt. Aber soll das jetzt ständig so weitergehen? Alle paar Tage liegt wieder ein Ziegelstein da?«

Der Chef schaute sie verblüfft an, holte tief Luft und sagte dann nachdenklich: »Einen Moment bitte Frau Minkowski.« Dann rief er nach Dorothea.

Als diese die beiden erreicht hatte, sagte er zu der Putzfrau: »So Frau Minkowski, jetzt erzählen Sie noch einmal langsam, was mit dem Ziegelstein ist.«

Dorothea wäre fast in Ohnmacht gefallen. Schnell stützte sie sich am nächsten Regal ab.

»Hatte Frau Minkowski ihn also auch gesehen? War sie nicht dabei verrückt zu werden und sich Dinge einzubilden?« Am liebsten wäre sie der Putzfrau um den Hals gefallen. »Nun sagen Sie bloß, Sie wissen nichts davon! Alle paar Tage liegt hinten in der Ecke ein Ziegelstein rum. Dann ist er weg, ich putze den Dreck weg. Schwups ist er wieder da. Was soll denn das?«

»Das wüsste ich jetzt allerdings auch gerne«, meinte der Chef nachdenklich. »Meine Damen, bitte folgen Sie mir.«

Im Gänsemarsch trotteten die Drei nach hinten. Zu Dorotheas grenzenloser Erleichterung lag da der Ziegelstein, den die beiden anderen ganz offensichtlich auch sahen. Dorothea hätte am liebsten einen Freudentanz aufgeführt. Aber wenn sie nicht gleich wieder merkwürdig wirken wollte, musste sie sich das wohl verkneifen. Was sie aber nicht unterdrücken konnte, war das strahlende Lächeln, das sich auf ihrem Gesicht ausbreitete.

»Da muss ich mich wirklich bei Ihnen entschuldigen Frau Schulten, dass ich Ihnen letztens nicht geglaubt habe«, sagte der Chef zerknirscht.

Dorothea brachte kein Wort heraus. Sie war zu glücklich. Frau Minkowski schaute erstaunt von einem zum anderen.

»Was ist das denn jetzt mit diesem Ziegelstein?«, wollte sie wissen.

»Den werden wir uns jetzt mal genauer ansehen«, meinte der Chef, während er sich bückte und den Stein hochnahm. Auf den ersten Blick war es ein ganz gewöhnlicher Ziegelstein, wie man ihn in jedem Baumarkt kaufen konnte.

Hellgrau, mit Poren, circa 25 cm lang. Der Chef drehte den Stein etwas ratlos in den Händen hin und her, die beiden Frauen sahen ihm dabei neugierig zu.

»Ist da was drin?«, fragte Frau Minkowski und deutete auf eine der Poren des Ziegelsteins. Die beiden anderen beugten sich über den Stein und versuchten etwas zu erkennen.

»Lassen Sie uns in mein Büro gehen. Da ist die Beleuchtung besser«, meinte der Chef.

Die drei gingen in sein Büro. Er legte den Ziegelstein auf seinen Schreibtisch, zog die Schreibtischlampe näher und schaltete sie ein. »Ja, da scheint wirklich etwas drin zu sein.« Er nahm einen Kugelschreiber und stocherte in einer der Poren rum. Nach einer Weile gab es ein leises Plopp. Er hob den Stein auf. Auf dem Tisch lag ein winziges Plastikpäckchen, das er offensichtlich aus dem Ziegelstein herausgedrückt hatte. Es sah aus, als wären in dem Päckchen Tabletten.

»Das ist eindeutig kein dummer Scherz mehr, sondern ein Fall für die Polizei«, sagte er und griff zum Telefon. Die beiden Frauen wollten das Büro verlassen, aber er hielt sie zurück. »Die Polizei wird sicher mit Ihnen reden wollen. Schließlich wissen Sie mehr über diesen Stein als ich.«

Eine Viertelstunde später erschien ein Kriminalbeamter. Er ließ sich die Geschichte ganz genau erzählen, untersuchte den Ziegelstein und öffnete denn das herausgefallene Päckchen. »Das ist Ecstasy oder eine andere synthetische Droge. Unser Labor wird das wohl schnell feststellen können«, sagte er. »Sie haben alle wirklich keine Vermutung, wer diesen Ziegelstein als Lager benutzt?«

»Von meinen Angestellten ist es auf jeden Fall keiner. Frau Schulten und Frau Minkowsky haben mich ja überhaupt erst auf den Ziegelstein aufmerksam gemacht. Frau

Hallberg und Tina, unsere studentische Aushilfe, gehen so gut wie nie in den Bereich der antiquarischen Bücher. Wie sollten sie auch den Ziegelstein durch den Laden transportieren, ohne dass es jemand sieht?«

»Also muss es einer Ihrer Kunden sein. Fällt Ihnen jemand ein, der mit einer großen Tasche oder einem Rucksack in diesen Be-reich gegangen ist?«

Die beiden Männer sahen fragend Dorothea an. »Viele unserer Kunden sind Studenten. Die suchen öfter nach antiquarischen Büchern und tragen auch Rucksäcke. Aber, dass mir jemand aufgefallen wäre, kann ich wirklich nicht sagen.«

»Wenn Sie einverstanden sind«, dabei blickte der Kripobeamte den Chef fragend an, »können wir dort hinten unauffällig eine kleine Kamera installieren. Die überträgt ihre Bilder per Funk hier hin. Dann legen wir den Stein wieder an seinen Platz und warten ab, was passiert.«

»Natürlich bin ich einverstanden. Schließlich möchte ich denjenigen, der meine Buchhandlung als Drogenlager nutzt, hinter Schloss und Riegel sehen.«

»Gut, dann werden die Kollegen heute nach Geschäftsschluss die Kamera installieren. Besitzen Sie hier einen Tresor?«

»Nein, den brauchen wir nicht. Die Tageseinnahmen bringen wir abends direkt zur Bank.«

»Dann besorgen Sie mir bitte eine große stabile Tasche oder etwas Ähnliches, in dem ich den Stein unauffällig mitnehmen kann. Morgen bringe ich ihn dann vor Geschäftsöffnung wieder her.«

Am nächsten Morgen war alles vorbereitet: Der Ziegelstein lag wieder in der Ecke, die Kamera war installiert und im Büro saß ein Kriminalbeamter vor einem Monitor.

Dorothea war ausgesprochen nervös, versuchte aber, sich nichts anmerken zu lassen. Der Vormittag zog sich für sie unendlich in die Länge. Zwar ging ab und zu ein Kunde zu den antiquarischen Büchern, aber das waren Stammkunden, die auch keine Taschen trugen, die für den Ziegelstein groß genug gewesen wären. Nach der Mittagspause hatte Dorothea die Hoffnung schon fast aufgegeben. Sie war mit einigen Kunden beschäftigt, die nicht vorrätige Bücher bestellen wollten, als zwei uniformierte Beamte die Buchhandlung betraten.

Dorothea dachte gerade: »Wie ungewöhnlich. Ob die noch schnell ein Geschenk für den Geburtstag eines Kollegen suchen?«

Da gingen die beiden auf einen jungen Mann mit Rucksack zu, der eben den Laden verlassen wollte.

»Dürfen wir kurz einen Blick in Ihren Rucksack werfen?«

Der junge Mann tat so, als würde er brav den Rucksack zum Öffnen abnehmen, warf ihn dann aber den beiden Uniformierten entgegen und versuchte zu fliehen. Er kam allerdings nicht weit. In der Zwischenzeit hatte der Kripobeamte das Büro verlassen und sich unauffällig in der Nähe der Tür postiert. Nun stellte er sich dem Fliehenden in den Weg. Schon waren die Uniformierten auch da. Legten ihm Handschellen an und führten ihn nach draußen.

Uwe Kirst
Fait accompli

Es war ein Morgen, wie von Seide. Das Licht gewann an Kraft und begann, die letzten Winkel des Raumes sichtbar zu machen. Die noch kühle, sanfte Luft verlockte dazu, das Fenster ganz zu öffnen; der frische Gesang der Vögel war bereits überall.

Es würde ein Tag sein mit emsiger Arbeit an seinem Buch. Neue Gedanken hatten sich bereits durch die letzten Schleier des Schlafes in sein Bewusstsein gedrängt. Eine zügige Morgentoilette und ein schnelles Frühstück lagen noch zwischen ihm und der Tastatur. Vielleicht noch ein paar handschriftliche Zeilen, schnell, kaum leserlich auf den Block, um nichts zu vergessen, was sich aus dem Unterbewussten im Halbschlaf in seine Wahrnehmung gemogelt hatte.

Die ersten Stunden brachten ihn voran. Zuweilen hastend niedergeschrieben, um nichts zu verlieren, hatte Übergreifendes eine Chance, bevor die handwerklich, akribische Arbeit des Formulierens ihn immer tiefer ins Detail führte. Sachbücher lesbar verfassen, sein Anspruch.

Der Kaffee in der bauchigen Tasse wurde kalt, seine Finger eilten über die Tastatur, nichtachtend der Tippfehler; für Korrekturen war später Zeit. Plötzlich eine Stimme von draußen, aus der schmalen Nebenstraße, in der er wohnte. Ungewöhnlich laut für diese Tageszeit, aufgeregt, sich wieder entfernend. Auch Geräusche, kräftiger werdend, Motoren, stetig und angestrengt. Eine Haustür schlug zu, eilige Schritte und wieder Stimmen, andere.

Er tippte seinen Satz, doch die Geräusche drangen in seine Gedanken und unwirsch stand er auf, um das Fenster zu schließen.

Ein Blick auf die Straße, die Hand bereits am Fenstergriff, überlagerte ein knirschendes Bersten die Geräusche und über den letzten Dächern der Gasse stieg eine Staubwolke auf, weiß und undurchsichtig.

»Was treiben die da, in aller Hergottsfrühe«, murmelte er vor sich hin.

Und während er im Begriff war, das Fenster endgültig zu schließen, sah er die Nachbarin vom Haus gegenüber, mit ungekämmtem Haar, offenbar im Morgenmantel, angestrengt aus der Mansarde schauen und als sie ihn gewahrte, rief sie ihm aufgeregt über die Gasse zu:

»Der Bernhuber! Sie machen den Bernhuber platt!«

Er verharrte in seiner Bewegung.

»Ja, die reißen alles nieder. Meine Schwester hat angerufen – die wohnt gegenüber. Die Polizei ist schon unterwegs!«

Der Bernhuber! Das war die ehemalige Buchhandlung an der Spange König-Ludwig- und Elisabeth-Straße. Im denkmalgeschützen Haus, neunzehntes Jahrhundert. Ein Eckhaus mit Fachwerk, wunderschön; renovierungsbedürftig, auf einen neuen Besitzer wartend. Alle freuten sich schon auf den restaurierten Glanz an diesem exponierten Platz. Das Bild des Viertels durchaus prägend, voller Traditionen und Geschichten.

»Die Bagger? Was zum ...«

Er schloss das Fenster mit Nachdruck und ging in den Flur, sich etwas Geeignetes anzuziehen.

»Wieso ›die Bagger‹, wenn Restaurieren anstand?«

Viele Beiträge in der Zeitung hatten sich damit befasst; auch die »Freunde der Altstadt« wollten Geld auftreiben, um die Rekonstruktion des zu unterstützen.

Er eilte die Treppe hinab, ließ die Haustür unverschlossen und ging dem Lärm nach. Inzwischen waren noch mehr Menschen zu sehen, die alle in die gleiche Richtung strebten.

Der Bernhuber – das war ›seine‹ Buchhandlung. Schon seit Langem verriegelt zwar, aber nur, bis die Arbeiten abgeschlossen waren. So hieß es bislang.

Schon als Kind hatte er zwischen den ihm turmhoch erscheinenden Regalen gestanden und die geheimnisvollen Buchrücken bestaunt. Damals, als seine Eltern noch lebten.

Seine Mutter nahm ihn gern mit und er durfte die Bücher berühren, sie anschauen und manchmal erzählte der kleine alte Mann, der sie bediente, wovon sie handelten.

Dieser Geruch von Papier und altem Holz war Teil dieser Atmosphäre, die in ihm abgelegt war. Zusammen mit dem Bild des Staubes, den man sogar sehen konnte, wenn die Sonne die Luft durchschnitt.

Er hatte die Kreuzung erreicht und verharrte, voller Entsetzen, denn der »Bernhuber« war nur noch ein Schutthaufen.

Langsam senkte sich die dichte Wolke von Kalkstaub auf die Überreste des Hauses, ein Stück des Schornsteins wirkte wie ein Gipfel. Geborstene Balken und Fachwerkstreben ragten aus Steinen, Dachziegeln und Dielenbrettern, bedeckt mit Fetzen alter Tapeten und Resten undefinierbarer Fußbodenbeläge.

Zwei Bagger in leuchtendem Gelb standen rechts und links an einigen Absperrbarken, die den Ort der Zerstörung nur notdürftig umschlossen; die Ausleger mit den Schaufeln ragten aufeinander zu und bildeten so ein Dach, als wollten sie das behüten, was sie gerade vernichtet hatten.

Neben einer der Maschinen standen Männer in Arbeitskleidung und wurden offensichtlich von zwei Polizisten befragt. Das Blaulicht des Streifenwagens war noch in

Betrieb und unterstrich den Charakter der Szene als den einer Katastrophe.

Die Bewohner der umliegenden Häuser sammelten sich in einiger Entfernung, teils empört, teils fassungslos. Eine ältere Frau weinte und ein Kind redete unaufhörlich auf seine Mutter ein, die sich lebhaft gestikulierend mit einer Nachbarin unterhielt.

Ein Mann hatte sich zu den Polizisten gestellt und sprach laut von kriminellen Machenschaften.

Ein weiteres Polizeifahrzeug war eingetroffen und die Leute machten aufgeregt Fotos mit ihren Handys.

»Ungenehmigter Abriss«,

»Profitgier des Bauherrn«,

»Unwiederbringlicher Verlust für das Stadtbild«,

»Wehret den Anfängen!«

Wortfetzen.

Er stand etwas abseits und hatte keine Lust, sich mit irgendjemandem zu unterhalten.

Er sah das Bild der Buchhandlung im Geiste vor sich, mit den schmalen Schaufenstern, den für ihn so spannenden Auslagen. Er hörte das Tönen der Türglocke, die erklang, sobald man eintrat. Er erinnerte sich an die kleinen Kritzeleien, die sie als Kinder auf den Balken des Fachwerks hinterlassen hatten, immer aufmerksam, dass sie hoffentlich niemand dabei sah, und die bei jeder Renovierung der Fassade wieder verschwunden waren.

Er hörte die Stimme des Buchhändlers; und einmal, es war an einem Morgen, noch bevor er eingeschult war, hatte der ihm vorgelesen aus einem Buch mit Zeichnungen, die er noch heute vor seinem Auge hatte: mächtige Bäume und Gnome mit riesigen krummen Nasen neben einem gewaltigen Felsbrocken.

Er näherte sich der Begrenzung, die den Gehweg vor Steinen und Schmutz hatten nicht schützen können.

Die Menschen waren damit beschäftigt, empört zu sein oder sich wichtig zu tun. Je nach Laune und Funktion.

Noch immer schwebte eine dichte Staubwolke über den Resten dieses Stückes Stadthistorie, die auch ein wenig seine Geschichte war. Glassplitter blitzten in der inzwischen kräftig scheinenden Sonne.

Da stieß er mit dem Fuß an einen Stein, der außerhalb der Abgrenzung gelandet war.

Er hob ihn auf und betrachtete ihn. Der kleine Teil eines Ziegelsteins, herausgebrochen aus einer Wand, auf der einen Seite sogar blank, als wäre er neu.

Er strich mit den Fingerspitzen über die kühle, glatte Fläche. Behutsam fast und mit einem letzten Blick auf die inzwischen gewachsene Zahl von Menschen und Fahrzeugen steckte er ihn ein.

Dann wandte er sich zum Gehen.

Christoph Große
Kampf dem Zeitgeist

Gernot von Ebershagen lässt den ausgestreckten Zeige-
finger lächelnd auf die Taste der Schreibmaschine fallen,
auf der der Satzpunkt abgebildet ist. Nein, es ist kein Laptop, keine elektrische Schreibmaschine, sondern eine
graugrüne Olympia. Das E und H schlagen nicht mehr so
gut an und Herr von Ebershagen muss jede getippte Seite
nacharbeiten, doch er gibt nun einmal nichts auf neumodischen Schnickschnack.

Langsam und vorsichtig nimmt er das Papier aus der
Führung und legt es auf den Ehrfurcht gebietenden Stapel,
der neben seinem Whiskeyglas steht. Whiskey zum Schreiben ist zwar für Herrn von Ebershagen eher hinderlich,
aber wenn man Fencheltee hineingießt, sieht es täuschend
echt nach Hochprozentigem aus Schottland aus. Das wahrt
die Form und ist besser für die Verdauung.

Herr von Ebershagen ist Schriftsteller, Autor, Romancier
und das mit Leib und Seele. Als erklärter Gegner des
Zeitgeists schreibt er große, wichtige und erhabene Ge-
sellschaftsromane – in geringen Auflagen. Einmal im
Monat liest er aus seinen gesammelten Werken im Salon
der Stadtbücherei. Die Mitarbeiter der Bücherei würde es
sicher freuen, wenn sie wüssten, dass sie über einen Salon
verfügen. Namen haben eben eine eigene Magie – Mehr-
zweckraum klingt zugegebenermaßen nicht so schön. In
seinem Salon also interpretiert Herr von Ebershagen seine
Romane mit donnernder Stimme. Sein Publikum dankt es
ihm mit frenetischem Beifall. Frau Maschke und Frau
Kleinschmidt sind immer ganz aus dem Häuschen.

»Maiestro!«, rufen sie und »Hört hört!«

Dann verbeugt sich Herr von Ebershagen immer ganz tief und nimmt artig das Stiefmütterchen entgegen, das ihm eine der beiden reicht. Danach geht er wieder in seine Mansardenwohnung, zieht die Vorhänge vor und setzt sich zurück an seine Olympia.

Als Herr von Ebershagen nun von selbiger aufsteht, fühlt er sich wie im siebten Himmel. Sein zwanzigster Roman liegt in einem sauberen Stoß vor ihm. Säuberlich schiebt er ihn in seine alte braune Lederaktentasche – oh wenn die Geschichten erzählen könnte – und macht sich auf den Weg zu seinem Verleger. Als er auf die Straße tritt, fährt ihm der Wind ins lange silbergraue Haar – zumindest in das, was noch davon übrig ist.

Beschwingt pfeifend geht er die etwa 150 Meter. Hier ist das Geschäft »Lachmann & Lachmann – Buchbinderei und Fachverlag«. Sein guter Freund Karl Lachmann hat bisher jedes seiner Bücher verlegt. Herr von Ebershagen ist überhaupt der einzige Literat des Verlags und das ist eine Auszeichnung, wie man sie sich erst einmal verdienen muss. Das Glöckchen über der Tür klingelt hell und Herr von Ebershagen geht über die Schwelle. Nein, vielmehr schreitet er – das Kinn gereckt, mit blitzenden Augen.

Wie er so über die Schwelle schreitet, prallt er mit einem Mann in schwarz zusammen, der ihn unsanft aus dem Weg drängelt. Der Mann geht und zieht eine lange Metallkiste hinter sich her – und einen zweiten Mann am Ende der Kiste. Es dauert eine Weile, bis Herrn von Ebershagen klar wird, dass er zwei Bestatter vor sich hat. Hinter ihnen geht Karl Lachmann Junior. Seine Augen sind rot und verweint, trotzdem grüßt er freundlich.

»Der Vater. Das Herz«, sagt er und nimmt dann die gestammelten Beileidsbekundungen des Literaten entgegen. Der allerdings denkt auch in der größten Not an das

Weltkulturerbe. Was geschehe denn nun mit dem neuen Roman. Es ist zweifellos die Trauer, die den Filius des Dahingeschiedenen geistig umnachtet und ihn vergessen lässt, wer der Besucher ist und in welch wichtiger Mission er gekommen ist. Doch kaum hat Herr von Ebershagen zu seinem Vortrag angesetzt, da scheint sich der junge Mann zu entsinnen und nimmt die Aktentasche entgegen. Ein Hoch! Apoll und Minerva müssen nicht vom Gipfel des Olymp auf ihn niederfahren.

Wieder zuhause, ist Herr von Ebershagen in melancholischer Stimmung. Er trauert um den Freund. Einziger Trost ist es ihm, dass dieser zweifellos zufrieden gestorben ist – im Dienste der hehren Sache. Um die seinen Gefühlen innewohnende Ästhetik nicht zu verschwenden, setzt der trauernde Romancier Fencheltee auf und sich selbst dann an die Schreibmaschine – keine innere Regung soll verloren gehen.

Die Wochen gehen ins Land und Roman Nummer 21 wächst. Auch das neue Belegexemplar ist eingetroffen – aber mit Verspätung. Herr von Ebershagen ist leicht verstimmt, doch er zeigt Großmut. Der Junge muss es ja noch lernen. Auch das Begleitschreiben ist anders. Statt dem üblichen Formschreiben mit der Unterschrift »dem geschätzten Dichter von seinem ergebenen Freund K. L. Sr.« ist diesmal ein Tantiemenscheck dabei. Das ist neu. Herr von Ebershagen beschließt, dies in Kürze aufzuklären. Die neue Lesung meistert er wie immer mit Bravour. Frau Maschke und Frau Kleinschmidt sind geradezu berauscht. Frau Maschke bekommt sogar rote Wangen und muss sich mit den Händen Luft ins Gesicht fächern.

Auf dem Rückweg geht Herr von Ebershagen, wie jedes Mal, wenn er von einer Lesung kommt, in die einzige Buchhandlung im Ort. Inhaber Hans Thiel hat den Laden seinem Namensvetter in der Hauptmannschen Novelle gewidmet und ihn deshalb in einem alten Bahnwärterhäuschen einquartiert. Die Ziegel strahlen in der Sonne wie ein roter Glorienschein und im Inneren – einer Monstranz ähnlich – verbirgt sich das Allerheiligste.

Andächtig betritt Herr von Ebershagen den Laden und auch hier empfängt ihn Glöckchengeläut. Schnurstraks, jedoch nicht, ohne huldvoll zu grüßen, geht er in die Ecke, in der sein Werk ausliegt. »Lokales« steht darüber, obwohl seine Werke doch neben den Dichterfürsten stehen müssten, doch Thiel zeigt sich stur. Nun ja, ihm geht wohl um Heimatliebe – wer mag ihm das verwehren.

Jetzt aber stutzt der Dichter, blickt auf die Auslage, setzt die Brille ab, putzt sie, blickt erneut hin und geht dann schnellen Schrittes zum Tresen. Mit donnernder Stimme verlangt er Rechenschaft: »Wo ist mein Werk?«

Thiel sagt ein Wort, das das Feuer von Herrn von Ebershagens gerechte Wut wie ein Platzregen löscht. Zur Sicherheit fragt er noch einmal nach. Und noch einmal. Nein, er hat sich nicht verhört. Bleich im Gesicht bedankt sich der erschütterte Literat und verlässt den Laden. Auf dem gesamten Heimweg murmelt er das Wort immer wieder und wieder. Er spürt, wie es in seinem Kopf hallt, als wäre dieser aus Bronze. Dieses Wort! Der Horror: Ausverkauft.

***

Wie betäubt stolpert Herr von Ebershagen nach Hause. Es ist das erste Mal, dass er sich echten Whiskey wünscht. Statt wie gewöhnlich an den Schreibtisch, geht er direkt ins Bett, zieht die Decke über den Kopf und schläft zitternd ein. Er erwacht, als es klingelt. Vollkommen verwirrt springt er auf und bemerkt beschämt, dass er noch immer Überzieher und Hosen trägt. Er stürzt zum Fenster und schaut auf die Straße, doch da ist niemand.

Dann sieht er es. Das Klingeln kommt vom Telefonapparat in der Ecke des Zimmers. Das große schwarze Modell scheppert und bei jedem Klingeln wirbelt jahrealter Staub auf. Wieder ist die Betäubung da. Herrn von Ebershagens Knie sind weich und er fühlt kurz seinen Puls – er ist schnell, aber vorhanden. Noch immer klingelt das Telefon. Wer auch immer am anderen Ende ist, gibt nicht so schnell auf.

Langsam, als nähere er sich einem tollwütigen Tier, geht Herr von Ebershagen die drei Schritte, die ihn vom Apparat trennen. Vorsichtig nimmt er den Hörer ab. Bevor er ihn ans Ohr hält, bläst er den Staub herunter. Er räuspert sich. Trotzdem hat seine Stimme nicht den vibrierenden Bass, dem Frau Maschke und Frau Kleinschmidt so restlos verfallen sind. Jetzt erinnert er eher an einen Counter-Tenor.

»Gernot von Ebershagen, mit wem habe ich die Ehre zu sprechen?«

Die Stimme, die aus dem Hörer schallt, ist laut und überschwänglich. Sie gratuliert zum »Bestseller« und bittet um ein Interview für die Zeitung. Als Herr von Ebershagen seltsam tonlos nach dem Namen des Blattes fragt, lacht der Gesprächspartner und nennt vier schreiende Buchstaben. Als Antwort hört er einen dumpfen Aufschlag und dann Stille.

Als Herr von Ebershagen zu sich kommt, hofft er darauf, einen Alptraum gehabt zu haben. Doch das Lokalblatt, das er kurz darauf in den zitternden Händen hält, ziert ein Foto von ihm. Die Bildunterzeile weist darauf hin, dass die Aufnahme aus dem privaten Archiv einer Frau R. Kleinschmidt stammt. Der Text ist ein Lobpreis auf seine »ironische Verwendung von Anachronismen, die pointiert unseren gesellschaftlichen Zeitgeist nachzeichnen« und sein »Loblied auf die Moderne«. Herr von Ebershagen fühlt, wie ihm alle Farbe aus dem Gesicht weicht und eine neue Ohnmacht heran rauscht.

Nein! Er hält stand. Die Zeit des Schreitens ist vorbei. Er rennt zur Schreibmaschine und verfasst einen Leserbrief. Er beschwört den allmächtigen Goethe und ruft eine Armee von Manns zur Hilfe – sogar Golo, obwohl der nur Historiker war. Er zitiert Aristoteles und Ovid. Er schlägt mit Schopenhauer und Nietzsche um sich. Sein Brief ist ein Papier gewordenes Schlachtfeld – eine Atombombe der Hochkultur. Mit Schwung steckt er die Seiten in den Umschlag, hämmert eine Marke darauf und rennt auf die Straße zum nächsten Briefkasten. Doch als er aus dem Haus tritt, streift sein Blick die Bushaltestelle – und er blickt ins eigene Antlitz. Er sieht jünger aus und hat Haar, schwarzes Haar. Er wird beworben!

Der Brandbrief entfällt seinen kraftlos gewordenen Fingern und wird vom Wind davongetragen. ER WIRD BEWORBEN! Oh diese Schmach. Wie diese sogenannten Autoren, die sich bei Publikum und Verlagen anbiedern. Oh diese Schmach!

»Ich bin Künstler! Ich lasse mich nicht verkaufen«, schreit Herr von Ebershagen in die kühle Herbstluft hinaus, doch niemand hört ihn.

Er muss etwas tun, das weiß er. So können sie sein Werk nicht behandeln. Er ist kein Sklave des Zeitgeists, er schreibt gegen ihn an! Zuerst muss er etwas tun, irgendetwas. Ja! Proaktivität! Vom Künstler ist er zum Künstleraktivisten geworden. Der Elfenbeinturm liegt zertrümmert zu seinen Füßen. Er geht ins Eisenwarengeschäft – noch immer nur in Hosen, Überzieher und Pantoffeln – und kauft schwarze Sprühfarbe. Dann geht er in Richtung der Thielschen Buchhandlung.

Der Ziegelbau des Bahnwärterhäuschens hat heute für Herrn von Ebershagen nichts glorienartiges. Vielmehr scheinen die roten Ziegelsteine in der Oktobersonne von innen heraus zu glühen, wie Höllenfeuer – ein Glutofen, ein Feingeistkrematorium. Der Satan des Zeitgeists hat die Kunst ermordet und hier im roten Ziegelhaus feiert er auf ihrem Leichnam eine schwarze Messe.

Herr von Ebershagen wappnet sich und stürmt hinein. Thiel ist zu seinem Glück im Lager und entgeht so dem gerechten Künstlerzorn. Der Stapel mit Herrn von Ebershagens Büchern steht jetzt neben der Kasse. Neben der Kasse! Er packt den Stapel und rennt in die dunkelste Ecke des Ladens. Aufs Geradewohl zieht er Bücher aus einem Regal – Ringelnatz, Busch, Grillparzer – und versteckt die eigenen Romane in den Zischenräumen dahinter, ganz nah an den Höllenziegeln.

»Besser sie brennen, als dass sie der Banalität anheim fallen«, denkt er.

Schnell verlässt er den Laden, jedoch nicht ohne ein letztes Aufbegehren. Draußen sprüht er in fahrigen Großbuchstaben mit schwarzer Farbe auf die verhassten roten Ziegel:

Kampf dem Zeitgeist!!! Gez. Gernot von Ebershagen.

Dann geht er nach Hause und verfasst einen neuen Brandbrief – noch gewaltiger und zorniger als der erste. Diesen bringt er zur Post. Auf dem Rückweg übersprüht er das Werbeplakat an der Bushaltestelle. Bevor er aber die verdiente Rast nach seinem Kampf genießen kann, muss er noch eine letzte Schlacht schlagen.

So stattet er also Lachmann & Lachmann einen Besuch ab – oder besser gesagt nur Lachmann. Ein Mann in weißer Malermontour ist gerade dabei, einen der beiden identischen Nachnamen mit einem stilisierten Buchrücken zu übermalen.

Herr von Ebershagen stürmt das Geschäft und wird freudestrahlend empfangen. Man habe schon auf ihn gewartet. Ob ihm das neue Marketing gefalle? Man habe Interviewtermine und Signierstunden terminiert. Ja, er müsse nur hier unterschreiben – und hier und hier.

Gernot von Ebershagen rinnt eine einzelne Träne aus dem rechten Auge. Dann wird sein Blick glasig. Er flieht aus dem Geschäft, flieht vor dem präsentierten Füllfederhalter und den Tantiemenschecks. Während er die Straße entlanghetzt, sieht er vor seinem geistigen Auge einen Gerüstbauer mit einem seiner Romane auf der portablen Toilette verschwinden, sieht seine kunstvoll geflochtenen Sätze zerpflückt von Hausfrauenleserunden. Ohne es zu merken, ist er wieder an der Buchhandlung angelangt. Die Zeugnisse seines gerechten Vandalismus sind mittlerweile eingerahmt. Darunter ist eine Plakette angebracht. »Lokale Berühmtheit« steht darauf.

Gernot von Ebershagen verlässt jeder Lebenswillen. Der Zeitgeist soll ihn nicht bekommen. Er tritt auf die Schienen und breitet die Arme aus. Sein Blick gleitet ein letztes Mal zu den roten Ziegeln hinüber – zu seinen Worten. Dies sollen seine letzten Worte sein.

»Kampf dem Zeitgeist!«, ruft er ein letztes Mal. Dann erwartet er mit geschlossenen Augen das Unvermeidliche.

***

Herr von Ebershagen sitzt quicklebendig an seiner Schreibmaschine und tippt wild auf den Tasten herum. Die Aussicht aus seinem Fenster ist schöner als aus seiner Mansardenwohnung. Nachdem ihn die staatliche Gewalt nach 12 Stunden von dem stillgelegten Bahngleis nach Hause begleitet hatte, wurde ihm nahegelegt, an diesen Ort zu kommen. Manchmal kampiert eine Gruppe »Fans« vor der Einrichtung mit Landhauscharme, aber von seinem Fenster aus kann Herr von Ebershagen sie nie sehen. Das trägt zu seiner inneren Ruhe bei.

Er schreibt jetzt für die Hauszeitung. Romane interessieren ihn nicht mehr. Ja, der Essay, die Glosse – das ist noch Literatur. Frau Maschke und Frau Kleinschmidt besuchen ihn weiter einmal im Monat und ihnen ist es egal, was er liest – er ist schließlich Künstler und Kunst ist universtell.

Seine sonstigen Werke will Gernot von Ebershagen verbrennen lassen. So wird ihm der Weg in den Autorenolymp durch seine neue journalistische Tätigkeit geebnet. Von Ballast muss man sich befreien. Er hat vorsorglich alle Rechte an Frau Frau Maschke und Frau Kleinschmidt abgetreten zusammen mit allen Manuskripten. Und weil sie sein Genie lieben, werden sie seine Wünsche respektieren. Da ist er sich sicher. Einem Künstler kann man doch nicht abschlagen.

Katharina Götze
Das Fehlen von allem

Es war der 24. September, noch sechs Tage vor Einsendeschluss, als die Autorin sich endlich auf die Suche nach einem echten Ziegelstein machte. Vor ihrem Fenster verstrich der Spätsommer, die Sonne schien mit unschuldiger Miene in einen klaren Wiener Sonntagshimmel hinein, und die Wut der Autorin verlief heute ausnahmsweise einmal – und zu ihrer eigenen Erleichterung – in geordneten Bahnen, anstatt sich wie ein Flächenbrand quer über ihre Wohnung und die ganze Stadt zu verteilen.

Wie schon in den letzten Tagen, hatte sie sich auch heute wieder direkt nach dem Aufstehen an den Klapptisch am Fenster gesetzt. Die Umzugskisten grob gefaltet an der Wand, trank die Autorin ein Glas warmes Leitungswasser und schaute hinaus auf den neuen Fluss. Wenn ihr zwischendurch Wörter einfielen, tippte sie hastig in die Tastatur. Sie hatte eigentlich längst nicht mehr an die Absage des Literaturinstituts gedacht. Sie hatte sich, wie ein erwachsener, ernstzunehmender Mensch, auf ihren neuen Job konzentriert, und darauf, die Namen der Kollegen auswendig zu lernen, sich den Weg nach Haus zu merken, die Bücher, das Geschirr, die Kleider auszupacken und an ihre neuen Orte zu räumen. Sie hatte die Erinnerungen an die Akayi, an Jonathan und die ganzen Flausen unter die Oberfläche gedrückt, mit aller Kraft, bis ihnen die Luft ausgehen würde und sie versanken.

Doch dieser unsägliche Ziegelsteinwettbewerb hatte alles wieder nach oben treiben lassen.

Letzte Nacht, allein in ihrem neuen Bett, hatte sie sogar von den Steinen geträumt. Sie war durch den Traummorast einer samtschwarzen Londoner Nacht gewatet. Jonathan war plötzlich wieder da gewesen und das Haus, vor dem sie standen, ihr Haus, hatte geglüht. Es war eines dieser zweistöckigen viktorianischen Bauten, mit kleinem Vorgarten und weißen Fensterrahmen, von denen sich die abendrote Ziegelmauer so vornehm und selbstbewusst abhob. Und als Jonathan sie dann vor dem Haus in die Arme genommen hatte, war sie so warm geworden, dass es noch lang über das Aufwachen hinaus anhielt.

Not yet original enough for us, I'm afraid. You should push harder for that certain spark.

Die Autorin straffte sich, setzte sich wieder aufrecht an ihren Tisch, als hätte jemand in ihr Inneres sehen können. Aber da war niemand. In ganz Wien gab es keine Menschenseele, die sich für ihre Existenz interessierte. Sie las die Ausschreibung erneut. Durch einen einschlägigen Literatur-Newsletter, den sie in hoffnungsvolleren Zeiten abonniert hatte, war ihr dieser Wettbewerb untergekommen. Sie hatte zunächst beschlossen, ihn – wie alle anderen Ausschreibungen in letzter Zeit und den ganzen Literaturzirkus überhaupt – zu ignorieren. Ein Kurzgeschichtenwettbewerb zu Ziegelsteinen. Es gab ja einige Literaturwettbewerbe, die lächerliche, geradezu groteske Themenvorgaben hatten. Aber ein Ziegelstein? Sie war doch keine Literaturkellnerin, die auf ein Stichwort hin ein halbes Kilo Wortkunst produzierte, in ein Leinensäckchen gab und mit einer Kordel und ihrem Namensschildchen versah, um dann freundlich lächelnd das handgefertigte EU-Produkt den Damen und Herren Juroren zu ihrem Wohle zu servieren. Als nächstes würde sie noch Gedichtfilme für den Infoscreen der Commerzbank drehen. Völlig lächerlich, wie gesagt. Indiskutabel. Außerdem hatte sie seit Mai nichts mehr geschrieben.

Tatsache war allerdings, dass auch jetzt, Wochen nach der ersten Sichtung dieses Wettbewerbs, als die schwarzäugige Susanne, die sie nach ihrem Einzug im August doch noch auf den Balkon gepflanzt hatte, begann, welk zu werden, die Ziegelsteine in ihrem Kopf Pyramiden und andere Zaubergebilde formten und dabei ein Stück Prosa versprachen, das sie weit mehr als nur diesen absurden Wettbewerb gewinnen lassen würde. Denn es ging, wenn sie ihre Lage ganz nüchtern betrachtete, um alles.

Die Ausschreibung spezifizierte, dass der Ziegelstein eine Hauptrolle spielen müsse in ihrer Erzählung. Der Ziegelstein als gänzlich wertfreies Objekt, als Bauklotz, als Beweisstück, sein Werfen ein subversiver, politischer Akt, sein Fehlen in der Mauer möglicher Einsturzgrund, seine plötzliche Abwesenheit in der Musikgeschichte, kein großer Verlust. Wie würde die Akayi über den Ziegel schreiben? Wäre sie überhaupt in der Lage, einen deutschen Anthologiewettbewerb zu gewinnen? Aber dieser ketzerische Gedanke half ihr jetzt auch nicht weiter. Sie, die Autorin, musste an einen echten Stein gelangen. Das war die einzige Lösung für ihr Problem, für all ihre Probleme. Den Ziegelstein beobachten in seinem natürlichen Lebensraum. Wie eine Anthropologin, die eine fremde Zivilisation erforscht. Der Haken war allerdings, dass vor ihrem Fenster nicht ein einziger solcher Stein zu sehen war, den sie hätte erschreiben können. Nur Radweg, Donau, Bäume und zahnschmelzfarbene Gemeindebauten am anderen Flussufer. Sie klappte den Laptop zu, und ging ihre festen Schuhe und die Lederjacke suchen, denn das Wetter war schon abgekühlt und durch die Bäume wehte ein Wind. Ihr eigenes Haus, das wusste sie, gab nichts her. Es war ein Neubau mit blassgrauen Mauern, seine Bausubstanz sorgfältig verputzt und sauber. Selbst auf dem langen Korridor auf ihrem Stockwerk waren die Wände in egalitärem Grau gehalten. Die Hausverwaltung hatte für alle Wohnungen dieselben Abtreter verteilt. Nur einmal hatte sie vor einer Tür ein Paar Schuhe auf einem stehen sehen. Sie hatte in der zweiten Woche einen Mann im Lift getroffen und sich als neue Nachbarin vorgestellt. Er hatte sie liebenswürdig angelächelt und gesagt, er wohne gar nicht hier, sondern hätte nur etwas abgegeben.

Aber sie konnte sich nicht beklagen. Die Miete war nicht zu hoch, die Küche schon eingebaut und das Bad vor ihrem Einzug neu gefliest. Und es war auch gar keine Zeit gewesen, lang nach einer Wohnung zu suchen. Man hatte ihr die Stelle Anfang Juli angeboten, unter der Bedingung, dass sie bis Ende des Monats in Wien sein könne, damit ihr Vorgänger noch Zeit für die Übergabe mit ihr habe. Die Position versprach mehr Sicherheit und Karrierechancen, und mit der Absage von der Akayi war ihr überlebensgroßer Kinderweihnachtswunsch auf ein Stipendium am neuen Literaturinstitut des King's College sowieso dahin.

Wären die Dinge anders gekommen, hätte sie sich in diesen Tagen noch einmal intensiv mit ihrem eigenen Romanprojekt und der Literaturliste des Instituts auseinandergesetzt. Ende September war Studienbeginn, mit einem Kurs bei der H.L. Akayi selbst, die vor drei Jahren den Booker-Preis gewonnen hatte. Aber die Dinge waren eben nicht anders gekommen, nicht für sie. Ab morgen würde die Autorin wieder jeden Tag ins Büro fahren. Sie musste diesen Sonntag nutzen.

Die Häuser ihres neuen Viertels standen ihr vergessensbraun und teilnahmslos gegenüber, als sie die Straße betrat. Dabei waren einige von ihnen so schäbig, dass ihre Bewohner die Balkons grün, gelb, orange bemalt hatten. Balkonbemalung, wenn selbst gemacht, war immer ein

Zeichen von Armut. Die Straße hinunter, kein einziger Mensch auf dem Gehweg. Nur das leise Anfahren einiger Autos an der Kreuzung und ein Radfahrer, der in die Straße Richtung Praterstern einbog. Stiller als der stillste Platz in der britischen Ziegelhauptstadt. Wo waren diese Wiener, die in diesen tristen Häusern lebten? Warum zeigten sie sich nicht wenigstens? Schämten sie sich vor ihr und wollten ihrem weltbürgerlichen Urteil über sie entkommen?

Am Prater, bei der Großbaustelle an der Krieau nur Beton hinter windigen Plastikplanen, die jede Sonntagsruhe zerflatterten. Weiter oben im Stuwerviertel verrammelte Gasthäuser und muffige Auslagen von Geschäften, deren Inhaber scheinbar schon seit Jahren nicht mehr aufgesperrt hatten. Es war eine absonderliche Stadt, dieses Wien. Auf dem Ilgplatz, dem Mittelpunkt eines menschenleeren Straßensterns, der ansonsten an Paris oder Kairo hätte erinnern können, vor dem Zirkusmuseum, ein Einfall. War nicht das kleine Häuschen der Hafenwacht rot? Sie lief zurück zum Donauufer. Die Flusskreuzfahrtschiffe lagen schmal, lang und weiß da und hatten ihre Teppiche vornehm über kleine Brücken ans Ufer gerollt. Sie schwiegen, als sie an ihnen vorbeilief. Mit glänzenden Fensteraugen blickten sie vom Wasser her auf die ältliche Residenzstadt, und warteten wie geduldige Tanten darauf, dass ihre Touristenbesatzung zurückkam von den Tagesausflügen nach Schönbrunn, von der Weinverkostung in Nussdorf. Wenn sie es ein Jahr lang hier aushielt, würde sie, die Autorin, auch einmal eine solche vollkommen dekadente Reise machen, um ihren Sieg über diesen lebensfeindlichen Ort zu feiern.

Es hatte Zeiten gegeben, da hatte sie hunderte Ideen am Tage gehabt. Irgendwann in London war dieser Wunderquell dann versiegt. Der Romanentwurf für ihre Bewerbung am Institut war schon aus den Reserven geschrieben und zusammengeflickt. Sie hatte gehofft, dass es trotzdem, gepaart mit der Tatsache, dass ihr Bekannter Mansour die Lebensgefährtin der Akayi gut kannte, für einen Studienplatz reichen würde. Wäre sie erstmal zugelassen gewesen, da war sie sicher, wäre der Strom wieder ungehindert geflossen.

Lacks critical depth. Go to where it hurts most and keep the reader there.

Sie hatte noch einige Zeit davon gezehrt, dass die Akayi höchstpersönlich diese Kritik ausgesprochen hatte. Keine Geringere als die Akayi selbst hatte ihren Entwurf gelesen und ihn für ungenügend erklärt. Das allein hatte schon wie eine Ehre gewirkt. Ein paar Tage lang zumindest. Dann hatte Ekel vor ihren eigenen Texten sie überkommen, vor ihrer monumentalen Lächerlichkeit, und sie hatte begonnen, ihre vielen, auf diese Weise gesparten Worte stattdessen dafür zu nutzen, ihre eigene Person für höherwertige Lohnarbeit auf dem europäischen Arbeitsmarkt anzupreisen. Hinter den Büschen das Häuschen der Hafenwacht. Noch ein paar Schritte. Ein Mann übte in Zeitlupe Tai-Chi vor dem Haus. Ganz langsam schob er seine Arme nach vorn und drückte die kühle Vormittagsluft fort, in ihre Richtung. Aber die Mauer in seinem Rücken waren nicht rot, sondern flussgelb meliert und sich keines Fehlers bewusst. Kein einziger Ziegel. Nur der Mann mit den langsamen Bewegungen und der Geruch von ablebendem Laub.

Und Jonathan. Sie hatte mitgezählt. Es hätte ihr achtes Date sein sollen, aber so waren sie nur auf einen Abschiedsdrink in einen Pub in Hammersmith gegangen an jenem Julitag. Er hatte sie zum Schluss noch einmal auf den

Mund geküsst und gesagt »You should try and come back if you can«.

Jetzt war schon fast Herbst. Vor dem Café an der Reichsbrücke standen noch immer Sonnenschirme. Sie lief unter dem Betonmonstrum hindurch, dann weiter zur Eisenbahnbrücke. Sie lief immer weiter, rechts der Fluss und zu ihrer Linken Glas, sandige Hauswände, dann wieder Beton. Eine Ratte floh über den Gehweg und verschwand in den Wellen. Wind trieb der Autorin Tränenflüssigkeit in die Augen. Wien eine Stadt ohne Ziegel, Wien war das Fehlen von allem. Sie war kalt und verschwitzt, als sie sich der letzten Brücke näherte. Dahinter war die Stadt zu Ende. Sie suchte einen Ausweg von der Uferpromenade, als sie plötzlich das Wohnzimmer sah. Sie blieb stehen. Unter dem Brückenbogen war ein komplettes Zimmer mit einer Schrankwand voller Porzellanfiguren und Vasen, einer Stehlampe, und einem großen Sofa mit Couchtisch. An der orange bemalten Brückenmauer – der einzigen Wand des Zimmers – hingen kleine Bilder und Postkarten, ein Hirschgeweih und in der Mitte ein Holzrahmen, aus dem es rot glühte.

Die Autorin pirschte sich vorsichtig heran. Auf einem Rollstuhl lag ein riesiger Albino-Schäferhund, der jetzt langsam den Kopf in ihre Richtung hob. Und auf der Couch selbst saß eine Gestalt mit großem Kinn und gescheckten Haare, die auf dem Weg hinab zu ihren Schultern kleine Nester formten. Sie saß da im Zentrum, prominent und widerwärtig, wie eine Lumpenkaiserin. Eingehüllt in ein rotes Stück Stoff mit einer kleinen Schachtel in der Hand, starrte sie hinaus aus ihrem Zimmer unter dem Brückenpfeiler auf den Asphaltweg am Ufer. Und dabei – ganz als sei es selbstverständlich – war der große Holzrahmen an der Wand leer und gab den Blick frei auf ein Stück Ziegelmauer. Die Autorin näherte sich vorsichtig, der Hund spitzte die Ohren. Mindestens drei Dutzend Steine waren im Inneren des Rahmens verbaut. Sie war nur noch ein paar Schritte von der Teppichgrenze des Zimmers entfernt.

- Hallo.

Die Andere starrte unberührt vor sich hin. Vielleicht hatte sie die Autorin gar nicht gehört.

- Hallo.

- Doch, doch, ich hab dich schon verstanden.

Die Stimme der Fremden war rissig. Die Autorin stockte.

- Sie haben es schön hier.

Die Andere schüttelte mit der Schachtel herum. Es klimperte.

- Kannst es ja haben. Du denkst, du kannst alles haben.

Während die Autorin noch nach einer Antwort suchte, sprach die Andere schon weiter.

- Du tust doch nur so!

- Ich würde gern ...

Die Kaiserin zog angewidert die Nase hoch und starrte ins Leere. Dann schüttelte sie wieder die Schachtel. Ob sie Geld wollte? Aber wer bettelte denn in seinem eigenen Wohnzimmer?

- Es geschehen Morde. Sie wollten mir die Zunge amputieren, mich aufspritzen, bis ich nur noch Einstichlöcher bin. Nur noch Löcher. Es geschehen Morde wegen sowas. Das willst du nicht hören, aber es ist so.

Die Ziegel waren echt. Es bestand kein Zweifel. Die Autorin machte noch ein paar Schritte auf die Teppichkante zu. Sie musste an diese Mauer heran. Sie musste die Steine mit ihren eigenen Fingerspitzen befühlen, ihr Ohr, wenn nicht gar ihre Zunge, gegen sie pressen, um ihnen ihre

Geheimnisse zu entlocken, in ihre Zwischenräume schauen, ihren roten Steingeruch einsaugen, den Sand schmecken.

- Weswegen die Morde?

- Du tust doch nur so. Immerzu tust du so, und du denkst, durch das ewige so Tun wird es irgendwann ...

- Nein wirklich. Ich verstehe nicht, weswegen. Die Kaiserin streckte noch einmal die Schachtel nach vorn. Dann sank sie zurück in die Polster.

- Auch wegen den Worten. Deswegen sage ich nichts mehr.

- Dürfte ich trotzdem das Bild aus der Nähe anschauen?

Aber die Andere schwieg und schaute nicht auf. Die Autorin war jetzt nur noch einen letzten Schritt vom Teppich entfernt. Sie wollte alles aus diesen Steinen pressen, ihre Essenz in sich aufsaugen, dieses saftige Stück Bau dann daheim in den Laptop tippen bis sie völlig leer war und sie die Geschichte nur noch abschicken und in ein paar Wochen zur Preisverleihung fahren müsste. Sie konnte die Schreie hören, die Lockrufe. Die Autorin solle herüberkommen zu ihr, der einzigen Ziegelwand der Stadt. Der Hund reckte sich und setzte sich auf, sah sie gespannt an, begann zu knurren.

- Ich würde nur gern...

Der Blick traf sie. Es war ein langer Blick, den die Wächterin der Ziegel ihr zuwarf und plötzlich fühlte sich die Autorin ertappt. Durchleuchtet. Als würde die Andere sie herausfordern. Ihr Versagen belachen. Das Herz der Autorin rutschte ab. Aus der Mauer riefen die Ziegel durcheinander um Hilfe. Aber der Hund sprang schon von seinem Rollstuhl und das Knurren wurde zum Bellen. Erst in Stößen, dann hörte es nicht mehr auf, übertönte die Ziegelrufe, übertönte das Lachen der Anderen und sogar ihr eigenes Herz, das jetzt einen zittrigen Galopp eingeschlagen hatte. Sie wich zurück, wollte rennen, aber hielt sich noch an Schritt für Schritt, um den Hund zu beruhigen, der immer lauter, immer wütender ... Be more courageous. The best writing is brave, bold writing. Just like a soldier, an author needs to have courage to conquer minds and hearts with her words.

Wie viel Geld sie der Wächterin wohl geben müsste? Würde sie es in ihre Schachtel werfen oder ihr direkt in die Hand drücken? Die Autorin hatte gehört, dass bei solchen Preisverleihungen oft auch Literaturagenten im Publikum saßen. Mit dem Ziegel-Preis im Lebenslauf war es vielleicht nicht vollkommen lächerlich, sich im nächsten Frühling noch einmal bei der Akayi zu bewerben.

Sie würde diese Andere zähmen, ihre Freundschaft gewinnen. Sie gefügig machen, bis die sie irgendwann heranließ. Bis sie selbst die Ziegel spüren konnte. Zäh und stetig wie die Donau dem Meer zufließt, würde sie, die Autorin, das Ufer hinaufgehen, zu der fremden Anderen, zu dieser ihrer Mauer. Heute, morgen, übermorgen, bis ans Ende der Zeit. Sie würde kommen.

Es waren noch fünfeinhalb Tage bis Einsendeschluss.

Bernhard Horwatitsch
Der Mythos von Buchstadt

Eine Stadt aus Büchern. Nur Bibliotheken weit und breit. Das ehrgeizige Vorhaben, sämtliche existierende Bücher in dieser einen Stadt vorrätig zu haben. Man wollte immer wissen, ob die Geldmenge, die reell auf der Welt kursiert, irgendwie zählbar sei. Und Bücher? Waren wirklich alle Bücher, die reell auf der Welt kursierten zählbar und damit in einer Stadt zu konzentrieren?

Buchstadt war nur ein kleiner Ort gewesen. Und niemand dort dachte an Bücher. Die Menschen gingen ihren üblichen Geschäften nach. Angeblich war es ein kleiner Zigeunerjunge. Er soll der Ursprung von Buchstadt gewesen sein. Eine zerfledderte Reclamausgabe, mit der der Junge gar nichts anzufangen wusste, die er einfach irgendwo geklaut hatte, ein Spiderman Comic, ebenfalls geklaut, aber damit konnte der Junge schon mehr anfangen, und er las viel in dem Comic, lernte das wirklich Böse kennen, das nicht in Lumpen – wie er – daherkam. In seinen Träumen war der Zigeunerjunge also ein Spiderman, ein Retter des Guten. Und das dritte Buch, das der Junge in seinem Besitz wähnte, war eine Taschenbibel, sie roch so fein, die Blätter hatten Goldränder, und wenn man die Blätter schnell über den Daumen laufen ließ, entstand ein fast berauschender Hauch. Der Junge liebte es, die Blätter so rauschen zu lassen. Gelesen hat er wohl eher nicht in dieser Taschenbibel. Das war ja auch nicht nötig, denn mit seinem Spiderman Comic wusste der Junge ja genau, wer der Böse und wer der Gute ist. Es wird wohl ein Böser gewesen sein, der dem Jungen den Hals durchschnitt. Er hat nicht viel bei dem Jungen gefunden.

Dessen wertvollsten Besitz, die drei Bücher, lagen im Staub neben dem Jungen. Für Polizeihauptmeister Kronen war es immer wieder ein Schock, wenn Kinder auf diese Weise getötet wurden. Der Mensch ist sterblich. Und Kinder dieser Art haben eine noch höhere Sterblichkeitsrate. Kronen sammelte die drei Bücher auf, die achtlos in den Staub geworfen worden waren. Eine Bibel fand man selten bei Zigeunerjungen. Das Reclambuch war ein Erzählband von einem deutschen Dichter.

Kronen konnte den Mord an dem Jungen nicht aufklären. Zigeuner töten ihresgleichen und ziehen dann weiter. In der kleinen Polizeiwache gab es eine Vitrine, in die stellte der wackere Polizeihauptmeister die drei Bücher des Jungen, auch den Spiderman. Kronen hatte sein Herz auf dem rechten Fleck. Und die drei Bücher in der Vitrine sollten ihn stets daran erinnern, dass Recht und Ordnung zu schaffen seine Pflicht sei, und er dieser Pflicht nie müde werden dürfe.

Kronen starb an Lungenkrebs. Er war starker Raucher und er bekam ein ordentliches Begräbnis. Sein Nachfolger Sörensen ließ die Vitrine so stehen mit den drei Büchern. Er stellte noch ein Handbuch über moderne Polizeimethoden dazu, und ein Taschenbuch mit Erläuterungen zum Strafgesetz des Landes.

Eine bescheidene Sammlung, die den Grundstock bildete, für Buchstadts erste Bibliothek. Sörensen wurde versetzt. Buchstadt war zu klein für eine eigene Wache. Der Gemeinderat überlegte, was aus den Räumlichkeiten werden sollte. Frl. Jürgen – schon viele Jahre Mitglied im Gemeinderat – hatte eine Idee. In ihrer Bridgerunde gab es eine Dame, die in ihrem früheren Leben als Bibliothekarin gearbeitet haben soll.

Frau Jallmann war sofort einverstanden. Sie selbst hatte eine stattliche Büchersammlung bei sich zu Hause. Die Stadt selbst fand die Idee ausgezeichnet, der Gemeinderat stimmte einstimmig für die Gründung der ersten Bibliothek von Buchstadt. Ein Zeichen des Aufschwungs. Mehr Bildung, mehr Moderne, raus aus dem Agrarsumpf. Die kleine, ehemalige Polizeiwache wurde schnell zum Anlaufpunkt der bildungshungrigen Gemeinde. Die Bibel wurde sehr häufig gelesen. Allerdings nicht die Ausgabe des ermordeten Jungen. Taschenbibel, Spiderman und das Reclamheft (das nicht mehr sehr ansehnlich war) wanderten in die hinteren Regalbereiche. Entsorgt wurden sie nicht. Frau Jürgen war moralisch unfähig, ein Buch – gleich welches – zu entsorgen. Bücher sind doch kein Müll, waren stets ihre Worte dazu. Lang dauerte es nicht, und die kleine ehemalige Polizeiwache wurde zu klein. In den anliegenden Gemeinden hatte sich herumgesprochen, dass hier Frau Jallmann eine ambitionierte Bibliothek führte, und es kamen Bücherspenden. Ganz von alleine. Man erweiterte auf die Nebenräume, und bald schloss man mit dem Besitzer des Wohnhauses ein Abkommen.

Herr Quasten, erster Besitzer einer Großbibliothek von Buchstadt, ernannte Frau Jallmann zur Ehrenbibliothekarin. Aber für die anstehende Arbeit brauchte man frisch ausgebildete Bibliothekare. Man holte sie aus dem ganzen Land. Mit einer Ausschreibung: Großbibliothek sucht Bibliothekar. Bald herrschte emsiger Betrieb. Und bald bat man Herrn Quasten um Investitionen. Für eine moderne Bibliothek sei es unabwendbar, stets auf dem neuesten Stand zu sein. Alle aktuellen Veröffentlichungen müssten aufgekauft werden. Herr Quasten schluckte zunächst. Aber sein Ehrgeiz siegte schließlich über seinen anderen Geiz. Das alte Wohnhaus ist inzwischen renoviert, aber es steht heute unter Denkmalschutz. Das Quastenhaus beinhaltet einen exorbitanten Lesesaal in den nur erlesenes Publikum Zugang hat. Als Herr Quasten gemeinsam mit Bankdirektor Zeherndorf fusionierte, war Buchstadt bereits im ganzen Land bekannt. Es gab Bibliotheksmessen, Lesungen berühmter Autoren, Ausbildungszentren, ein bibliothekswissenschaftliches Institut. Ganz Buchstadt hatte sich inzwischen ausschließlich auf das Sammeln und Archivieren von Büchern spezialisiert. Wer nichts mit Büchern am Hut hatte, der verließ Buchstadt schleunigst, kopfschüttelnd, über so viel Hybris. Der Aufsichtsrat der Quasten-Zeherndorf Fundation beschloss eine Campagne, die nichts weniger zum Inhalt hatte, als den Auftrag, alle verfügbaren Bücher nach Buchstadt zu bringen. Hier sollte sich alles konzentrieren, hier lag der Weltruhm des größten Bibliothekswesens dieser Erde.

Riesige, moderne Buchpaläste entstanden, aus Glas und Metall, in modernster Architektur, mit riesigen Buchskulpturen, einem gigantischen Springbrunnen aus denen Wasser in Buchform spritzte, am Rande von Buchstadt hatten sich die Konditoreien darauf spezialisiert, Kekse in Buchform zu backen. Eine wissenschaftliche Industrie war entstanden mit dem Forschungsauftrag, jedes nur denkbare Buch aufzutreiben, das jemals ein Mensch gemacht hatte. Selbst Tagebücher von Privatmenschen wurden gesammelt, nichts sollte Buchstadt entgehen, was je geschrieben wurde. Und irgendwo in den Kellerarchiven von Buchstadt lagert ein Spiderman Comic. Irgendwo, gut hundert Meter unter der Erde, in einem Regaleck zwischen anderen Wertlosigkeiten, verbirgt sich das Wissen vom wahren Bösen. Ein winzig kleines Atom von Buchstadt, aber das ist nur ein Mythos.

Und dass es Schriftsteller gegeben haben soll, die nach dem Besuch von Buchstadt das Schreiben an den Nagel

hängten – das sind nur Legenden. Ein Jammer, dass wir das
alles nicht lesen können. Aber wer liest heutzutage schon
noch?

Vor langer Zeit war diese Ziegelsteinmauer eine ganz normale Mauer. Nichts deutete auf ihren späteren Einsatz hin. Ein Backstein lag neben dem anderen, schön voneinander abgegrenzt durch etwas Mörtel in den Fugen.

Dies änderte sich allerdings, als ein kleiner Junge namens Peter mit einem Messer die Fugen eines einzelnen Ziegelsteines aushöhlte. Beständig und mit viel Ausdauer machte er sich ans Werk und nach circa einem Monat konnte er den Stein aus der Mauer heraushebeln.

Neugierig lugte er durch das entstandene Loch hindurch auf die andere Seite der Mauer. Seine Enttäuschung war groß, denn er blickte nur auf eine kleine Wiese und dahinter wiederum auf eine Ziegelsteinmauer. Er stopfte den Stein zurück an seinen Platz.

Der arme Ziegelstein. Bisher gehörte er immer dazu, war eingebunden in ein Netzwerk der Mauersteine, war sich des Sinns seines Lebens immer bewusst. Doch nun begann er nachzudenken. Er sah nun nicht mehr so aus wie die anderen. Die Messerspitze des kleinen Jungen hatte so manches Mal auf seiner Oberfläche gekratzt und der Backstein hatte schwere Verletzungen davongetragen. Außerdem klebten die Reste von Mörtel unschön an seinen Rändern. Er gefiel sich nicht mehr und er schämte sich wegen seiner heruntergekommenen Erscheinung. Er wusste ganz genau, wie ein Ziegelstein auszusehen hatte. Schließlich blickte er auf der einen Seite auf eine ähnliche Mauer. Die hatte er im Auge und wusste deswegen immer wie er sich zu verhalten und wie er auszusehen hatte.

Aber damit war es nun vorbei. Er machte sich viele und schwere Gedanken. Seine Nachbarziegel ermahnten ihn, doch trotz alledem »auf der Spur« zu bleiben. Doch er begann das Ganze zu hinterfragen. Den lieben langen Tag einfach nur so dazusitzen und schön auszusehen, das schien keinen Sinn mehr zu ergeben, jetzt, da er doch so gezeichnet war. Aber er wusste einfach nichts Besseres mit sich anzufangen. Er wartete einfach auf die Dinge, die da noch kommen würden.

Eines Tages dann, als der kleine Peter schon ein junger erwachsener Mann geworden war, geschah etwas, worauf der Ziegelstein die ganze Zeit gewartet hatte. Peter kam zurück zur Mauer und hielt in der Hand ein Zettelchen. Leider konnte der Ziegelstein nicht lesen, aber das Herzchen, das rot auf dem Zettel prangte, das verstand er. Auch sah er an der Form des Geschriebenen, dass es sich wohl um ein Gedicht handeln musste. Nun stopfte Peter diesen Zettel unter den Ziegelstein in die Mauer. Er flüsterte noch etwas vor sich hin, ohne dass ihn der Stein verstand, und ging dann fort.

Sprachlos vor Neugier steckte der Ziegelstein nun in der Wand – was würde jetzt geschehen? Was bedeutete das Ganze? Was sollte er nun tun? Tagelang hing er nun so da, leicht angekippt durch den kleinen Zettel. Er spürte seine Anwesenheit durch die Schieflage, in der er nun in der Mauer steckte. Er hielt Ausschau danach, was nun kommen mochte.

Fünf Tage später schlich sich eine junge Frau von vielleicht zwanzig Jahren an der Wand herum, hübsch anzusehen, in einem geblümten, kurzen Kleid. Sie strich mit ihrer rechten Hand über die Backsteinmauer, musterte sie haargenau, nahm Abstand und visierte das Mauerwerk nochmals an.

Plötzlich schien sie etwas gefunden zu haben. Sie kam auf den Ziegelstein zu. Ihm wurde ganz bange: War er gemeint?

Er, der schäbigste Stein unter den vielen schönen und glatten? Ihm pochte das Herz bis zum Halse hoch, so kam es ihm jedenfalls vor. Dann wurde ihm bewusst, dass er weder Herz noch Hals hatte. Was soll es, er war einfach nur aufgeregt.

Da packte die junge Frau ihn sanft mit ihren Händen beiseite und nahm das Zettelchen, das unter ihm gelegen hatte, in die Hand. Sie las was darauf stand, sah das Herzchen und strahlte. Sie steckte das Geschriebene in eine Tasche ihres Kleides und legte nun einen anderen Zettel in die Lücke. Dann nahm sie den Ziegelstein, drückte einen dicken Kuss auf seine Seite und steckte ihn wieder in die Mauer.

Der Ziegelstein wurde noch röter, als er sowieso schon war. Besonders an der Stelle, wo er geküsst wurde, bildete sich langsam der Abdruck eines roten Kussmundes. So begann er sich langsam wieder zu gefallen. Neben all den Kratzern und Spuren, die ihm das Leben eingebracht hatte, konnte man nun seine ausgefallene rote Farbe und diesen wunderschönen Kussmund bewundern.

In den kommenden Jahren kamen Peter und Isabella nun immer häufiger an die Mauer und tauschten sich Zettelchen aus. Langsam begriff der Ziegelstein, dass er seine wahre und einzigartige Bestimmung gefunden hatte und dass er nun an etwas Größerem teilhaben konnte, als einfach nur ein Stein unter vielen zu sein.

Andrea Kerstinger
Das schönste Buch von allen

Es war einmal vor gar nicht allzu langer Zeit an einem wunderschönen Ort ein Buch. Es war ein hübsches, wenn auch schmales Buch mit kostbarem Inhalt. Es beinhaltete die schönsten Liebesgedichte der deutschsprachigen Literatur und darauf war es sehr stolz. Geboren wurde das Buch lange, bevor es zu seinem eigentlichen Bestimmungsort kam. Zusammen mit ein paar anderen Mitgliedern seiner Familie machte es sich auf eine mühevolle Reise durch das Land. Nach langen Wartezeiten in einer Art Kerker, gelangte es mit zweien seiner Geschwister schließlich dorthin, wo es immer schon hinwollte. Es war dies ein magischer Ort, eine Buchhandlung, die denselben Namen trug wie der Stadtteil in Nürnberg, in dem sie sich befand: Ziegelstein.

Das Buch war froh darüber, ausgepackt und eingereiht zu werden in ein Regal. Endlich durfte es sich präsentieren und es schmiegte sich daher stolz an seine Geschwister. Es freute sich, seinen Buchrücken zeigen zu dürfen, und streckte diesen heraus. Ganz so, als wollte es den Lesern zurufen: »Seht her, was hier mit silbernen Lettern geschrieben steht.«

So vergingen Tage und Wochen, die das Buch zunächst mit Schauen und Beobachten verbrachte und es kam oft aus dem Staunen nicht heraus. So viele unterschiedliche Menschen tummelten sich hier auf dem kleinen Plätzchen, manchmal gaben sie sich buchstäblich die Klinke in die Hand. An anderen Tagen wiederum ging es beschaulich und fast gespenstisch ruhig zu und an einem Tag der Woche betrat nicht einmal eine Buchhändlerin das Lokal.

So lernte das Buch die Tage der Woche kennen und auch ihre Bedeutung für den Buchhandel.

Nach ein paar Wochen sah es, wie sich der Innenraum zu verändern begann und es bewunderte erstaunt die glitzernden Kugeln und Sterne, die hier und dort aufgehängt wurden. Das Buch verspürte sehr wohl, dass die Stimmung sich verändert hatte und es lernte durch die Angestellten viele neue, ihm bislang unbekannte Wörter kennen: Flair, Gutscheine, Weihnachten, Last-Minute-Geschenke. Es beobachtete von seinem Standort aus das hektische Treiben, und war ob der vielen Menschen wirklich überrascht. Doch irgendwann, inmitten all dieses Trubels, fühlte sich das Buch ganz seltsam. Ein bislang unbekanntes Gefühl machte sich in ihm breit: Zum ersten Mal in seinem jungen Leben war es traurig. Andere Bücher wurden aus den Regalen genommen und wieder zurückgestellt, die meisten wurden jedoch mitgenommen. Am Büchertisch marschierten die Bücher fast stapelweise zur Kassa, »Bestseller« wurden sie genannt. Viele von seinen Kollegen wurden sogar in ein wunderschön glänzendes Papier gepackt und bekamen auch noch eine Schleife umgebunden. So würden sie dem Beschenkten bestimmt viel Freude bereiten.

Aber niemand beachtete das Buch, das sein einsames Dasein in einem selten betrachteten Regal fristete. Einmal blieb ihm fast das Herz stehen, als sich endlich eine hübsch aussehende, junge Dame seinem Regal näherte und dieses eingehend begutachtete. Vor Aufregung hielt es die Luft an, als sie mit ihren schlanken Fingern seinen Rücken berührte, dann aber doch ein Stück weiterwanderte und schließlich das Buch neben ihm herausnahm. Die junge Dame hatte sich für sein Geschwisterchen entschieden. Der Spalt, der nun zwischen ihm und seinem weiteren Verwandten klaffte, machte die Trauer nur noch schlimmer. In den darauffolgenden Tagen betrat niemand die Buchhandlung und so konnte das Buch nichts weiter tun, als still seinen Schmerz zu ertragen. Es fragte sich, ob es doch nicht so kostbar war, wie es immer geglaubt hatte und was der Grund dafür war, dass niemand es zu sich nach Hause nehmen wollte. Als die Angestellten nach ein paar Tagen wieder das Lokal betraten, machte sich Erleichterung ihn ihm breit, da das Buch ihnen nun wieder bei ihrer Arbeit zusehen konnte. So war es wenigstens ein bisschen abgelenkt von seinen trübsinnigen Gedanken. Sie sprachen von einem »Umsatz-Plus« und einem großartigen Weihnachtsgeschäft und sahen dabei dennoch ein wenig gestresst aus. Vielleicht hatte dies mit dem bevorstehenden Umbau zu tun, von dem ständig die Rede war. Das Buch verstand nicht allzu viel von diesen weltlichen Dingen und es kümmerte sich wenig darum. Immer noch war es zu sehr mit seinen eigenen Sorgen beschäftigt.

Vielleicht hätte es noch länger Trübsal geblasen, wenn es nicht das Gespräch der Buchhändlerinnen belauscht hätte, die gerade mit dem Umsortieren und Schlichten der Bücher ganz in der Nähe unseres Buches beschäftigt waren.

»Anthologien verkaufen sich prinzipiell nicht so leicht«, sagte die eine.

»Vor allem wenn es sich dabei um Lyrik handelt«, vervollständigte die andere.

So viel hatte das Buch schon gelernt, dass es wusste, dass es auch zu dieser Kategorie von Büchern gehörte. Also spitzte es die Ohren.

»Dafür sind die Käufer von Gedichtbänden wahre Kenner und auch dieses Nischenprodukt muss in einer Buchhandlung vertreten sein.«, bekräftigte die erste. Sie unterhielten sich weiter über diese »spezielle Klientel« und gebrauchten allerhand andere wunderbare Worte wie Poesie,

Liebeslyrik und Weltliteratur. Für das Buch war dies Balsam für seine Seele und es lauschte verzückt den weiteren Lobhuldigungen von denen, die es schließlich wissen mussten. Es wäre ob des vielen Lobes bestimmt dunkelrot geworden, wäre das sein Einband nicht ohnehin schon gewesen. Die Krise war somit überwunden.

Und so war es doch wieder ein wenig stolz darauf, trotz des Umbaus und vieler Umstellungen immer noch im Sortiment zu sein. Vielleicht hatte die Buchhändlerin dafür gesorgt, die weiterhin dort arbeitete und die Gedichte so sehr liebte. So hatte sie andere Exemplare seiner Gattung dazugestellt und das Regal liebevoll neu geordnet. Als der neue Inhaber das umgestaltete Lokal eröffnete, und der Welttag des Buches gebührend gefeiert wurde, fühlte es sich fast schon zum Inventar gehörig. Das Buch konzentrierte sich nun nicht mehr darauf, dass es niemand kaufen wollte, sondern genoss seinen Sonderstatus in dieser wundervollen Buchhandlung. Viele der Stammkunden stürmten das Lokal und es herrschte wieder reges Treiben. Der Verkaufsraum war größer geworden, aber nun gab es nicht nur Bücher zu kaufen. Auch Spruchkarten und Geschenkartikel wurden feilgeboten. Und die Menschen konnten beim Schmökern auch noch ein wenig entspannt sitzen und sich mit Gleichgesinnten unterhalten. So erfuhr das Buch auch viel Neues über die Welt da draußen. Einen Kaffeefleck wie einer seiner Kollegen konnte unser Buch in seinem Regal allerdings nicht abbekommen und darüber war es sehr froh. Daher genoss es seine Aussicht und konzentrierte sich auf seine neue, selbsternannte Aufgabe: den Beobachterposten.

Und so wartete es jeden Tag aufs Neue auf die Neulinge, die Eingang in die Buchhandlung fanden: die Bücher sowie die Menschen. Es beobachte all die Menschen, die Tag ein,

Tag aus das Lokal betraten und nach Lesestoff suchten. Manche suchten erst gar nicht, sondern nahmen die Bücher gleich mit. Das war neu und musste mit diesem neumodischen Begriff zusammenhängen, den die Buchhändlerin nun vermehrt benutzte: der Online-Bestellung. Jedenfalls entwickelte sich das Buch zu einem wahren Kenner, zumindest was die Buchmenschen anging. Diesen Begriff hatte es zuletzt einmal aufgeschnappt und er gefiel ihm wirklich gut. Buchmenschen liebten Bücher und deshalb würde das Buch sie von nun an auch so nennen. Wäre es kein Buch, dann hätte es selbst eines über die Buchmenschen schreiben können. Es kannte sie nämlich alle. Es kannte die Damen mit und ohne Hut, die Herren mit Schirm oder Bart, die älteren Herrschaften, die elegant gekleidet waren und die vielen Kinder, einige davon mit Lesebrillen. Seltener betraten Teenies mit den zerrissenen Jeans den Laden. Die Kleidung der Buchmenschen veränderte sich im Laufe des Jahres genauso oft wie ihr Geschmack. Zumindest, was die Auswahl der Bücher anging. Das Buch beobachtete genau, dass zur kalten Jahreszeit, als die Buchmenschen die dicken Wollmäntel und Jacken anhatten, auch die dickeren Bücher besser verkauft wurden. Im Frühling wanderten die Liebesromane vermehrt über die Theke und im Sommer war leichter Lesestoff gefragt, sehr oft auch als Taschenbuchausgabe.

Der Herbst hatte es in sich. Die Buchmenschen rückten in der Buchhandlung näher zusammen und manchmal wurde sogar ein Buch aus seinem eigenen Regal herausgenommen. Da auch sein nächster Verwandter auf diese Art und Weise den Weg zur Kassa gefunden hatte, befand sich unser Buch nun als einzelnes Exemplar inmitten der anderen Lyrikbände und es war stolz darauf. Es war gereift und es wusste, dass es ein ganz besonderer Buchmensch sein müsste, der es irgendwann mit nach Hause nehmen würde. Schließlich war es ja auch ein ganz besonderes Buch. Das Buch beobachtete besonders gern die Kinder, die den Weg in die Buchhandlung antraten. Sie waren die wahren Buchmenschen. Sie orientierten sich nicht an irgendwelchen Bestsellerlisten und hörten selten auf Empfehlungen der großen Menschen. Sie schmökerten viel lieber in der Leseecke und hätten Stunden damit verbringen können, sich in Bücher zu vertiefen. Und noch immer waren es die Prinzessinnen und Ritter, die die Kinder begeisterten, bei den größeren waren es Pferde- oder Abenteuergeschichten. Bei den ganz Kleinen dominierten hingegen die Bilder, aber sie wollten dennoch so gerne wissen, was daneben geschrieben stand. Und weil sie selbst noch nicht lesen konnten, ließen sie sich gerne von den großen Menschen etwas vorlesen – vorausgesetzt, diese nahmen sich die Zeit dafür.

In diesen besonderen Momenten hörte auch das Buch ganz genau zu und lauschte den spannenden, herzerwärmenden, skurrilen oder lustigen Geschichten. So erfuhr es von der Raupe, die niemals satt wurde, vom Grüffelo, der gar nicht so furchterregend war und der kleinen Hexe, die immer alles durcheinanderbrachte. Alles war ein wenig anders, als es auf den ersten Blick schien. Das Buch mochte den Gorilla im Zoo genauso wie die Bände von Conni oder Jakob, aber am allerliebsten mochte es die Geschichten, in denen süße kleine Hasen vorkamen. Nicht selten handelten diese Bücher von der Liebe und damit kannte sich unser Buch ja aus.

Einmal hatte eine Mutter ihrem Kind ein Märchen aus einer Sammlung vorgelesen. Und bei dieser Geschichte vom schönen Schwan, den zunächst alle hässlich fanden, fühlte sich das Buch auf seltsame Art und Weise berührt.

Es fühlte mit dem Schwan und hätte am liebsten eine Träne verdrückt, wenn es nicht um sein Aussehen gebangt hätte. Es wusste von den Buchhändlerinnen bereits, dass eine gewisse Druckerschwärze vieles anrichten konnte, vor allem, wenn sie mit Wasser in Verbindung kam. Und das wollte das Buch auf keinen Fall riskieren. Es wollte für seinen persönlichen Buchmenschen rein und unbefleckt bleiben.

Das Buch kannte aber auch einige Geheimnisse aus der Buchhandlung, die anderen verborgen blieben. Nicht einmal die Buchhändlerinnen wussten davon. Es waren dies die Momente, die sich nächtens abspielten, wenn alles ruhig und finster war. Die Kinderbücher, die meistens ihr Mittagsschläfchen hielten, waren zu dieser Zeit oft hellwach. Während die Buchhändler und die Buchmenschen schliefen, verabredeten sich diese Bücher und trieben allerhand Späße. Sie sprangen von den Regalen, hüpften auf den Sofas herum und hatten jede Menge Spaß miteinander. Kurz bevor der Tag anbrach, schlüpften sie wieder in ihre Regale zurück und taten so, als wäre nichts gewesen. Manchmal kam es in der Hektik vor, dass dann irgendein Kinderbuch nicht auf dem für ihn vorgesehenen Platz zurückgekehrt war, sondern sich verlaufen hatte. Doch das fiel in den meisten Fällen gar nicht auf. Und wenn eine Buchhändlerin es einmal bemerkte, dann schob sie es auf die kleinen Buchmenschen und stellte das Buch wortlos auf seinen richtigen Platz zurück. Nur unser Buch und ein paar andere Bücher, die für die großen Buchmenschen bestimmt waren, wussten um dieses Geheimnis, doch sie behielten es wohlweislich für sich. Unser Buch wäre nie auf die Idee gekommen, sein Regal zu verlassen, denn es hatte seinen Platz gefunden und fühlte sich dort wohl. Nur einmal wäre es vor lauter Schreck fast aus dem Regal gepurzelt, doch es konnte von seinen Mitbüchern gerade noch rechtzeitig festgehalten werden. Es hatte nämlich seiner Lieblingsbuchhändlerin zugehört, die sich angeregt mit zwei Kundinnen unterhielt. Von Großkonzernen war bei diesem Gespräch die Rede, die die kleinen Buchhandlungen schwächen würden. Bei den Neologismen E-Book, Internet-Versandhandel und Self-Publishing hatte das Buch noch nicht so aufmerksam zugehört, aber plötzlich fiel ein Begriff, der unserem Buch fast den Atem nahm: Jemand sprach vom »Tod der Buchhandlung«. Die Wörter und Buchstaben in unserem Buch überschlugen sich schier, als es diese Hiobs-Botschaft vernahm und es dauerte einige Momente, bis es seine Gedichte und Gedanken wieder klar ordnen konnte. Selbst in den Momenten größter Selbstzweifel hatte es nicht diese Existenzangst verspürt, die es in diesem Moment übermannte. Das würde doch bedeuten, dass alle seine Freunde und Kollegen keine Daseinsberechtigung mehr hätten! Es gäbe kein geselliges Beisammenstehen, keine übermütigen Kinderbücher mehr? Und auch nicht den herrlichen Duft von frisch gedruckten Büchern? Wer so etwas behauptete, war eindeutig kein Buchmensch, da war sich unser Buch sicher.

Erleichtert nahm das Buch zur Kenntnis, dass die Buchhändlerin sich vehement dagegen aussprach und alle Argumente hervorbrachte, die ihr in diesem Moment in den Sinn kamen. Sie sprach von einem florierenden Buchmarkt, von jungen, aufstrebenden Autoren und von all den Buchmenschen, die zu ihr in die Buchhandlung kamen, anstatt die Bücher online zu bestellen. Das Buch wusste nur allzu gut, welche Arbeit die Buchhändler leisteten. Auch wenn sie unmöglich jedes Buch selber lesen konnten, so hatten sie wahrlich eine große Kenntnis davon und sie konnten auf all die Buchmenschen eingehen und Empfehlungen aussprechen.

Nach diesen Schrecksekunden hatte das Buch an neuer Zuversicht gewonnen und fühlte sich noch ein wenig stolzer als zuvor. Schließlich, so fiel ihm ein, war dieser bezaubernde Ort ja Beweis genug dafür, dass es noch wahre Buchmenschen gab.

Und so lebte es weiterhin in den Tag hinein, freute sich des Lebens und der Poesie und atmete zufrieden den Duft der Bücher ein. Und wenn es in der Zwischenzeit nicht doch verkauft worden ist, dann sei bei deinem nächsten Besuch in der Buchhandlung Ziegelstein ganz aufmerksam. Vielleicht kannst du unser Buch dann sogar irgendwo in einem Regal entdecken.

Die Preisträgerinnen:

1. Andrea Travnik
2. Andrea Kerstinger
3. Madlen Kristina Müller

Die AutorInnen

Ursula Schmid-Spreer

Lehrerin im Gesundheitsbereich, etwa 50 Veröffentlichungen in Anthologien, Fernseh- und Literaturzeitschriften, (Mit)Herausgeberin von 17 Krimianthologien
(Wellhöfer Verlag), veröffentlichte Krimis: »Die Nürn-
bergerin«, »Der Tote vom Silbersee«, »Bekenntnis mit
Folgen«, »Mord in Cork« (edition oberkassel). Mitglied bei
den Mörderischen Schwestern, der Fränkischen Wortklauberei und beim BVjA, Mitarbeiterin im online-
newsletter »The Tempest«, Organisatorin des Nürnberger
Autorentreffens und von Schreibseminaren. Gewinnerin
des Publikumspreises der Autoren-Akademie Berlin für das
Buch »Bekenntnis mit Folgen«.

Mark Jischinski

Mark Jischinski wurde 1974 in Mühlhausen geboren und
arbeitet in Deutschland, Österreich und der Schweiz als
Berater und Coach für Unternehmer und Menschen in
Veränderungsprozessen. Er gibt darüber hinaus Seminare
für Selbständige und Führungskräfte, sitzt aber oft an
seinem Rechner und schreibt Geschichten. Seit dem Jahr

2000 veröffentlicht er Romane, Erzählungen und Short Stories. Zuletzt erschienen von ihm im adakia Verlag die Romane »Spatzenmuse« und »Wankelmuse« (mit Ophelia Hansen), »ironisch«, eine Sammlung von Short Stories und »Iren ist menschlich«, ein irisches Tagebuch. Er ist Herausgeber der »edition Caput«, der Autoren-Anthologie des adakia Verlages.

Sandra Niermeyer

Sandra Niermeyer, geboren 1972 in Melle/Niedersachsen, lebt nach vielen Jahren in Bielefeld nun mit ihrer Familie in der Nähe von Würzburg. Sie schreibt Kurzgeschichten, Erzählungen und Kolumnen für Anthologien, Zeitungen und Zeitschriften. Sie erhielt mehrere Literaturpreise, u.a. den Würth-Literaturpreis der Tübinger Poetik-Dozentur, den Marlen-Haushofer-Literaturpreis der Stadt Steyr und den Förderpreis des Landes Nordrhein-Westfalen für junge Künstlerinnen und Künstler in der Sparte Dichtung und Schriftstellerei. Zweimal war sie für den Glauser Kurzkrimi-Preis nominiert. Sie schreibt außerdem Gutachten für Verlage. In Vertretung leitete sie eine Schreibwerkstatt für Menschen mit Trisomie 21 in Bielefeld/Bethel. Seit 2017 schreibt sie auch für Kinder. Ihr erstes Kinderbuch erscheint 2019 im Magellan Verlag.

Sabine Frambach

Sabine Frambach, geboren 1975 neben einem Wackerstein. Nach dem steinigen Weg durch viele Schulen studierte sie Sozialpädagogik in Nijmegen sowie Erwachsenenbildung in

Kaiserslautern. Die Autorin lebt hinter einem Steingarten und fährt zu ihrer Arbeit über die Wupper. Sie hat bei den Musen einen Stein im Brett. Wenn Schokolade in der Nähe ist, fällt ihr ein Ziegelstein vom Herzen. Nähere Informationen zur Autorin sind nur einen Steinwurf entfernt unter: www.kein-weg.de

Andrea Travnik

Andrea Travnik, geboren 1989, ist in ihrer Studiums- und Berufswahl dorthin gefolgt, wo sie sich am wohlsten fühlt: Zum Wort. Das Komparatistik-Studium hat sie 2016 abgeschlossen, seit 2012 arbeitet sie in verschiedenen Verlagen und Redaktionen als Lektorin und/oder Redakteurin. Neben Rezensionen im Online-Kulturmagazin »etc.« verfasst sie mit Leidenschaft Lyrik und Kurzprosa.

Veröffentlichungen:
Prosa-Beitrag »Raumvision/Ruine« im Magazin der LitGes St. Pölten etcetera
Prosa-Beitrag »Vom Laufen, Fliegen und Stehen« im Buch zum Mölltaler Kurzgeschichten Festival »Das lange Tal der Kurzgeschichten« (erscheint 2018)
Gedicht »Leichenschmaus und Fischstäbchen« in der Zeitschrift Novelle – Zentrale für Experimentelles (erscheint 2018)

Laura Pellizzari

Laura Pellizzari, geboren 1999, stammt aus dem Tiroler Unterland. Als Bloggerin und Aktivistin im Sozialbereich beschäftigt sie sich mit Menschen in unterschiedlichsten Lebenssituationen. Derzeit absolviert sie einen Freiwilligendienst in der Slowakei.

Viola Rosa Semper

Viola Rosa Semper, geboren 1996 in Horn, Österreich, pflückt Ideen aus dem Reich der Fantasie, um sie in die Nährböden eurer Gedächtnisse zu pflanzen und zu pflegen, bis eine ganze Geschichte daraus wächst. Seit 2017 tut sie das hauptberuflich als freischaffende Schriftstellerin und Texterin. Seit 2015 werden regelmäßig einige ihrer Kurzgeschichten und Gedichte in verschiedenen Anthologien veröffentlicht, darunter auch »Das alte Fotoalbum«, das den 1. PERGamenta Publikumspreis gewann. Im September 2017 konnte die junge Schriftstellerin als Stipendiaktin bei einem Schreibworkshop mit Jutta Richter und Uwe-Michael Gutzschhahn im Rahmen von HALTlose PROSA in Ascheberg teilnehmen. Nur einen Monat später überzeugte sie das Publikum im Finale des Hattinger Förderpreises für junge Literatur mit ihrer Kurzgeschichte »Frau Bergensen«.

Viola Rosa hat einen Bachelorabschluss der Universität Wien in Meteorologie, lebt in Österreich und Dänemark und ist von ständigem Fernweh geplagt. Inspiration und Ruhe findet sie mit Filmmusik in den Ohren, dem Blick aufs Meer und bewaffnet mit Stift und Papier.

Sabine Burkhardt

Sabine Burkhardt wurde 1961 in Heilbronn am Neckar geboren, ist verheiratet und hat zwei Söhne. Seit 2014 ist sie studierte Germanistin und Philosophin (B.A. FAU Erlangen). Sie ist Mitglied im VS (Verein der Schriftsteller) Mittelfranken und in der SWIP (Society of Women in Philosophy). Poetische und philosophische Projekte unter: www.philopoesie.de. Sabine Burkhardt schreibt seit vier Jahrzehnten Lyrik. Veröffentlichungen in zahlreichen Anthologien, wie u.a.: Wortlaut, Neue Cranach Presse, Walter Keller Verlag, CD: Peruanischer Herbst. 2018 wird eine Sammlung ihrer Texte voraussichtlich in der Knurrhahn Edition, Nürnberg erscheinen.

Hanna Quitterer,

Hanna Quitterer wurde 1996 in Nürnberg geboren und schreibt bereits Geschichten und Bücher, seit sie sechs Jahre alt ist. Sie hat im Jahr 2017 den Fränkischen Preis für junge Literatur gewonnen. Die Nürnberger Autorin überzeugte die Jury mit ihrem Prosatext »Geheimnisse und keine Worte«. Im Jahr 2010 erschien ihr Roman »Wolfsmagie – Düsterne Nebel«.

Madlen Kristina Müller

Madlen Kristina Müller, geboren 1982, verschlang schon als Kind Bücher, wenn sie nicht gerade zeichnete. Nach einer Ausbildung zur Buchhändlerin ordnet sie auch zu Hause ihre Bibliothek alphabetisch. Vor Kurzem hat sie sich mit dem »König von Augsburg« den Traum vom eigenen Bilderbuch erfüllt. Sie lebt mit ihrem Partner und zwei Söhnen in Augsburg und liest gerne originelle Bilderbücher.

Stephanie Stummer

Stephanie Stummer, Jahrgang 1989, ist geboren, aufgewachsen und immer noch wohnhaft im Bezirk Kirchdorf/Krems in Oberösterreich. Sie ist als Sekretärin in einem Krankenhaus tätig und hat sich vor kurzem daran erinnert, wie gern sie sich als Kind mehr oder weniger realistische Geschichten ausgedacht hat.

Ann-Bettina Schmitz

Ann-Bettina Schmitz wurde in Düsseldorf geboren. In Aachen, wo sie heute noch lebt, studierte sie Elektrotechnik und Physik. Nach verschiedenen beruflichen Stationen in der Wirtschaft, Forschung und Bildung arbeitet sie seit 2012 als freiberufliche Autorin, Lektorin und Texterin. Bisher sind von ihr mehrere Kurzgeschichten in Anthologien und als Audio-Angebote erschienen. Außerdem betreibt sie den Bücherblog ABS-Lese-Ecke unter: https://lesen.abs-textandmore.de.

Uwe Kirst

Uwe Kirst, geborener Thüringer, gelernter Schriftsetzer und promovierter Wirtschaftswissenschaftler, der schon sehr lange in Bayern lebt und in Österreich und Großbritannien jahrelang »Ausländer« war. Selbständig seit fast dreißig Jahren, sonst eher als Fachbuchautor und journalistisch mit dem Schreiben beschäftigt, entstehen immer wieder Kurzgeschichten und zuweilen Lyrik. Seine wichtigste Veröffentlichung ist das Standardwerk für die Unternehmensgründung »Selbständig mit Erfolg«, das im Jahr 2018 in 8. Auflage im adakia Verlag unter dem neuen Titel »Der Gründerpapst« erscheinen wird. Darüber hinaus ist eine seiner Kurzgeschichten in der »edition Caput III – Trauer, Abschied und Neubeginn« erschienen.

Christoph Große

In seinem Bau träumt der Fuchs des Nachts Geschichten. Mit halbgeschlossenen Augen taucht er die Pfote ins Tintenfass und schreibt sie leise nieder. Christoph Große alias Fuchstraum widmet sich vor allem Texten, in denen Phantasie und Melancholie eng miteinander verwoben sind. Tief im Wald seiner Traumwelt schlägt sein Herz. Die Veröffentlichung seines Debüts – einer Sammlung von Kunstmärchen – steht kurz bevor.

Er ist Mitglied der »Aktionsgruppe Eskapismus«, die im Jahr 2017 die Anthologie »Wortwald« unter anderen mit Texten von Christoph herausgegeben hat.

Katharina Goetze

Katharina Goetze, geboren 1984 in Dresden. Nach Stationen in England, Ägypten, Laos, seit 2015 wohnhaft in Wien. Studium der Journalistik (London) und der modernen Nahostwissenschaften (Kairo, Oxford). Prosaveröffentlichungen u.a. in Birkensnake (USA), &Radieschen, Wienzeile, Der Maulkorb, KARUSSELL. Preisträgerin beim Bundeswettbewerb junger Autoren, Lyrik in Fahrt und 4. Platz des zeilen.lauf-Kurzgeschichten-Wettbewerbs 2017 (mit Anthologie-Erscheinung Anfang 2018). Longlist des FM4-Wortlaut-Wettbewerbs 2017 und des Münchner Kurzgeschichtenwettbewerbs 2017. Mitglied der Autorengruppe JungWien14. Arbeitet derzeit an ihrem ersten Roman, dessen Arbeitstitel zu oft wechselt, um ihn hier anzugeben.

Bernhard Horwatitsch

Der Münchner Autor schreibt seit vielen Jahren für deutsche und österreichische Literaturzeitschriften. Seit 2004 gibt er Kurse in »kreativem Schreiben« und »Literaturgeschichte« an der mvhs und anderen Institutionen (AWO, MBW). Gemeinsam mit Arwed Vogel arbeitet er seit 2008 als Dozent und Coach für das »freie Literaturprojekt« (www.literaturprojekt.com).

2007 entstand sein zweiter Film gemeinsam mit Sylvie Bantle: ein 90 minütiger Dokumentarfilm (Das Brandloch) über die Bücherverbrennung 1933 in München und den Umgang lebender Autoren mit dem Autodafe. Buchveröffentlichung »Das Herz der Dings« (Geschichten über das Leben mit Demenz, Mabuse-Verlag, Oktober 2013) sowie »Das Brandlochprojekt« (Essays über Autoren, deren Bücher 1933 verbrannt wurden, Andreas Mascha Verlag 2013), »Anleitung zum Scheitern (Erzählband im Witta-Verlag 2006) zahlreiche Veröffentlichungen von Kurzgeschichten und Essays in verschiedenen Anthologien und Literaturzeitschriften (Sterz, BISS, Schreibkraft, Feigenblatt, Federwelt, Entwürfe, c't, und viele andere).

Literaturpreise:
3. Platz U-Books Literaturwettbewerb für erotische Literatur 2005
2. Platz, Kurzgeschichten Wettbewerb der Zeitschrift Kontro-vers 2008
Nominiert beim 21. Münchner Kurzgeschichtenwettbewerb

Ina Boa

Ina Boa, geboren 1966, lebt heute in Nürnberg. Studium der Mineralogie, später Software-Entwicklerin. Sie schreibt Kurzgeschichten und Lyrik. Einige ihrer Kurzgeschichten sind bereits in Anthologien erschienen. Sie ist Mitglied bei den »Mörderischen Schwestern e.V.«, dem »Bundesverband junger Autoren und Autorinnen e.V.« und der »Fränkischen Wortklauberei«.

Andrea Kerstinger

Andrea Kerstinger wurde 1976 in Eisenstadt geboren und lebt heute mit ihrem Mann und zwei Kindern in Nikitsch. Sie hat Französisch und Deutsch/Lehramt sowie Deutsch als Fremdsprache an der Uni Wien studiert. Sie ist ausgebildete ehrenamtliche Bibliothekarin, Mitarbeiterin der Zweisprachigen Bibliothek Kr. Minihof, Regionalbetreuerin für Buchstart Burgenland, Vorstandsmitglied der Bibliotheken Burgenland. Seit ein paar Monaten widmet sie sich neben der Literaturvermittlung auch der Literaturproduktion.

Veröffentlichungen:

Anthologie »Wie die Menschen aufhörten Kriege zu führen«: Goldenes Kleeblatt gegen Gewalt 2016

Beitrag in der Literaturzeitschrift DUM 84

Asphaltspuren: Blitzaktionen im August und Oktober 2017

Anthologie: »Mauern und Grenzen«, Ausschreibung Goldene Lyrikfeder 2017